代理人は眠らない

世界への路を拓くサッカー代理人の流儀

遠藤貴 著　伊東武彦 構成

徳間書店

リバプールFCの強化担当者、最高顧問弁護士ら
計7人と最終確認を行った。

オファーから契約までの
時間は約48時間だった。
左はサインする遠藤航、
右は代理人である著者。

背番号は3に決定し、クラブハウス内で記念写真を撮る。

ＶｆＢシュトゥットガルトで着実に評価を高める伊藤洋輝。
移籍だけでなく同じクラブで不動の評価を得ることも大切だ。

遠藤航、伊藤洋輝に続く注目選手として期待されるチェイス・アンリ。

2023年8月19日、念願の遠藤航のプレミアリーグデビューを見つめる著者。

はじめに

高校生のときから二人三脚で歩んできたサッカー日本代表のキャプテン、遠藤航《わたる》がイングランド・プレミアリーグの強豪リバプールＦＣに移籍したこの夏、日本では「代理人」といわれるエージェントとして、鳥肌が立つ体験をしました。

本書の内容は、私が30歳代前半で難関といわれるイングランド協会（Ｔｈｅ ＦＡ）認定のＦＩＦＡ（国際サッカー連盟）公式エージェント資格を取得してからの仕事のキャリアをたどったものですが、遠藤航の移籍によって、図らずもこの20数年の軌跡に一つのピリオドを打つようなタイミングでの発行になりました。

スポーツ界の代理人というと、欧米では著名な方もいて脚光を浴びることも少なくありませんが、プロスポーツ選手の利益代表のような印象もあって、必ずしも好意的に受けとられないこともあります。

しかし、本書でもたびたび触れていますが、エージェントは決してお金のことだけを考えて動く職業ではありません。

個々で異なる選手や監督の志向、個性、特質などを理解し、リタイア後もふくめたライフプランを構築する。選手や監督にとってのライフプロデューサーといえばいいでしょうか。

ときには選手や監督を守るため、シビアな交渉に出ることもありますが、華やかな世界の裏側で地道に動く、難しくもやりがいのある仕事です。

日進月歩のサッカー界で生き抜くためには、日々、情報をアップデートしつつ、大事な局面でものをいう人間関係を構築する作業を怠ることはできません。世界を相手にする仕事なので、眠らない毎日が続くこともあります。

本書ではエージェントの仕事の本質を理解いただくとともに、この25年ほどの私の体験から導きだされた情報取得のスキルや交渉術などについても、何らかの解答を読者のみなさんと一緒に模索していければと思っています。

契約パートナーとの関係性やコンビネーション、クラブ、チームとのやりとりをできるだけ具体的に紹介するように努めました。読者のみなさんには、その端々から世

はじめに

界を相手にした仕事の本質と流儀を汲《く》み取っていただければ幸いです。

私の生い立ちと仕事のキャリアをたどるうえで、サッカー界の時代の変化と環境の解説があったほうがベターという考えから、全体の構成と事象の解説について、ノンフィクションライターの伊東武彦さんにアシストをいただきました。いわゆる著者本としては特殊ですが、私の文章と構成者の文章を交錯させるつくりになっています。

よって本書には取材や見分に基づいたもう一人の著者の解釈が加えられていることを、お断りしておきます。

遠藤　貴

目次

第6章　代理人は最後の砦　173

第1章

ビッグディールは突然に

相手に合わせて生活を整える

サッカー発祥の地イングランドでも有数の熱狂的なサポーターが集うスタジアムから2キロ弱、マージー川のほとりにそのホテルはあった。

マンチェスター空港で乗り込んだ迎えの車が深夜のハイウェイを飛ばすこと40分、ホテルの前に迎えの男たちが待っている。

チェックインをしてもらってキーケースを受け取ると、名前が「エンドウタカシ」ではない。

ダビッド・スティール。

そう記されている。

選手と同じ姓だから紛らわしくないように変えられたのかと一瞬思ったが、違った。集められた全員が、身元を知られないための偽名になっていたのだ。

第1章

ビッグディールは突然に

2023年8月18日に日付が変わろうかという17日の深夜、7人の男たちがホテルの会議室で分厚い書類に目を凝らしていた。リバプールFCの強化担当、同クラブの最高顧問弁護士以下3人の顧問弁護士と選手側の弁護士、現地エージェント。彼らと向き合うのは、日本代表のキャプテン遠藤航とその選手エージェントである遠藤貴という2人の日本人だ。

細かい契約条項、肖像権の規定などの確認がすべて終わったのは明け方近くだった。遠藤航は体を休めるため自室に戻ったが、ほかのメンバーにはまだやるべき仕事があった。ワークパーミット（就労許可）の申請だ。期限はその日の午前中いっぱい。間に合わなければ、翌18日の試合の前日練習に遠藤航を参加させたいという指揮官の要望に応えることができない。精鋭の弁護士が束になって動いた結果、無事に就労許可が下りた。

翌日、2人の遠藤ら一行は正面玄関ではなく、地下の裏導線からホテルを後にした。

遠藤航のリバプールＦＣ加入が正式にアナウンスされたのは、その日の夕方。30歳のボランチ獲得のためにイングランドの名門クラブが使った金は、推定２２００万ユーロ（約35億円）に上る。遠藤航は練習に参加した翌日、19日のプレミアリーグ第２節ＡＦＣボーンマス戦に途中出場してイングランドでのデビューを飾った。

その日、試合前のスタジアムに着いた遠藤貴は、自分自身を「どこか普通ではない」と感じていた。地元の名士らが集うボードルームに入ると、緊張感が増して試合前も食事が喉を通らない。それだけ周囲の役員や関係者から注目されていた。

ドイツ人監督のユルゲン・クロップが「次の試合に間に合わせてくれ」と口にしていることは聞いていた。交代出場の可能性は高い。

しかし半分、現実とは思えない自分もいた。古巣の湘南ベルマーレや飛躍を遂げたドイツのＶｆＢシュツットガルトでもつけていた背番号3がリ

第1章

ビッグディールは突然に

バプールのホーム、アンフィールド・スタジアムの芝に現われた瞬間、「とうとう」「ついに」という思いがこみあがってくる。

四半世紀前、ヨーロッパのマーケットでは存在しないも同然だった日本人選手が、プレミアリーグの名門クラブのピッチに、指揮官からポジションを約束されて立つ日がきたのだ。13年前から選手とエージェントが二人三脚で目指してきた夢の舞台だ。

遠藤貴は体中に鳥肌が立つのを感じた。


遠藤航がデビューしたあと、クロップ監督はコメントしました。

「ワタルはこの数日間、寝ていない状態じゃないか」

そうジョーク交じりにメディアに話していましたが、決して大げさではありません。

今回の移籍は、本当に瞬く間の出来事でした。

もともとはシュツットガルトのCEO（最高経営責任者）とスポーツディレクター

（SD）と、契約する伊藤洋輝《ヒロキ》について話すために、8月16日のアポイントメントを取っていました。

洋輝はなんとしてもこの夏に移籍したいという気持ちを強くしていて、実際にビッグクラブからのオファーもあったため、クラブとの話し合いを求めていました。

そこで私が出ていく必要があると判断して、クラブの上層部とアポイントを取っていたのです。

しかし、私自身の体調がすぐれなかったのと、速度が遅い台風7号の影響で16日には飛べないという状況がありました。

そのためシュツットガルトのアポイントは延期してもらいました。そのディレイが、ことを大きく動かしたのです。

移籍市場が閉じる8月末まであと半月。洋輝と同じように航にもいくつものオファーがきていました。

しかし、30歳の航は、この夏の移籍については慎重な姿勢だったといえます。

契約期間は残り1年。規則では契約切れの半年前から他クラブとの交渉が可能になるので、冬のマーケット事情をうかがいながら、フリーの立場で移籍先を考えることができたからです。

しかも、今回きていたオファーは、目標としていたプレミアリーグで優勝争いにからみ、UEFA（ヨーロッパサッカー連盟）チャンピオンズリーグ出場に届きそうなクラスより下位のチームばかりでした。

年齢的なこともあり、「移籍するとしたら、ブンデスリーガやプレミアリーグの上位クラブ」という目標を変えるつもりは、航にはありませんでした。

だとしたら、私にも積極的に動く理由はありません。そもそもプレミアリーグでタイトル争いをするようなクラブに移籍するという目標は、私が航と会った13年前からの2人の共通認識だったのです。

シュツットガルトは観客数でいえばヨーロッパでもベスト10に入ろうかという規模で、環境は成績に比して悪くありません。観客数はACミランなどの有名クラブよりも上です。

街も安全だし、家族も慣れていて暮らしやすい。航にも私にも、あえてここで無理をして動く必要はないという冷静な判断があったのです。

ただ、私たちは頭の中で、リバプールFCの存在を消していませんでした。チャンスがあるとしたら、リバプールだなと思っていました。それは、

「(遠藤航が獲得候補選手の) ラージリストに入っている」

という情報をキャッチしていたからです。加えて、現在のリバプールは獲得に乗り出す背景が整っていると感じてもいました。

まず、リバプールで強化担当責任者を務めるヨルグがドイツ人であること。

また、いうまでもありませんが、クロップ監督もドイツ人で、ボルシア・ドルトムント時代には香川真司を重用した人物です。加えて、そのときにドルトムントで強化担当責任者を務めていたのがミスリンダートという人物で、航をシュツットガルトに招き入れました。

当時から彼はクロップ監督と近しい関係にあり、彼が注目した日本人選手にも注目していたことは容易に想像ができました。

ポジションが確約された移籍ではありませんでしたが、日本代表の南野拓実を獲得

した実績もあります。

クロップは日本人選手の特徴を理解していますし、ドイツ人の監督と強化担当が、ブンデスリーガで〝デュエルキング〟(デュエルとはおもに1対1の戦いを示す決闘の意、転じてサッカーでは選手個人の競り合い、球際の強さを示す)とまでいわれた選手を注視していないはずがありません。

私の目から見ても、航はシュツットガルトでプレーの幅と間口を大きく広げていました。

持ち前のディフェンスでの対人能力に加えて、前からボールを刈り取るときのチェックが鋭く速いので、ボランチより一つ前でもプレーができてショートカウンターの起点になれます。

シント=トロイデンVVのときまではそうでもなかったのですが、シュツットガルトに移ってからは、前に出て積極的にミドルシュートを打つようになりました。

相対的に見て、ボランチの選手に対する評価は難しいものがあります。

ディフェンスラインの前でどんなに気の利いたプレーをしていても、守ってばかりではインパクトが弱くなります。さらに、失点にからんだりすることが多いポジションなので、マイナスポイントが多くなりかねないのです。

ですが、逆に前に出ていってミドルシュートを打ったり、ヘディングで合わせたりというプレーが増えると、さまざまな関係者から「見られる」選手になります。

これは本人とも話していたのですが、インパクトという点でゴールが多くなっていることが、自然とアピール材料になっていたのです。

２０２３年夏のオフシーズン、リバプールからはファビーニョなど中盤の後方を担う選手が、立て続けに中東に移籍しました。８月10日を過ぎても、リバプールの話はゼロではないと思っていました。

「リバプールが興味をもってくれているようだ」

航には、そのくらいの話しかしていませんでしたが、リバプールに限らず、マーケットが閉まる最後の半月までには何があるかわからないということは言い続けていました。

選手移籍のマーケットが開くと、どのクラブも最初は若くて伸びしろのある選手にオファーをします。トップクラブになるほどその傾向は強く、そこで争奪戦が繰り広げられて、脱落したチームは次にあげている候補にアプローチしていきます。その過程を繰り返して8月も半ばを過ぎると、30歳前後のキャリアのある選手に目が向くのです。

そういった例はいくらでも見てきました。

ただ、航には、「まだわからない」と言いながらも、リバプールがエクアドル代表のモイセス・カイセドやベルギー代表のロメオ・ラヴィアなどにオファーしていたので、「正直、厳しいかな」と思っていたのも確かです。

しかし、それは8月15日の夕方までの話です。

体調不良と台風の影響とで16日のフライトが難しいとわかった矢先でした。カイセドのチェルシー加入が明らかになったのとほぼ同時に、現地パートナーであるエージェントのヤンから、リバプールからオファーが届きそうだという電話が入ったのです。

それが15日の夕方でした。

すぐに、移籍先クラブから所属クラブに出す「オファーレター」の依頼をして、その夕方から翌日まで金銭的な条件を詰めていきました。

そんなやりとりをしているうちの16日の夕方に、「4年契約、でいける」という連絡がパートナーから入ったのです。

話はまとまる方向で進み、現地からはすぐに飛んでほしいという連絡がきました。そんなに急ぐ例はあまり経験にないので、怪訝《けげん》に思っていました。

「監督が『19日の試合に使いたい』と言っている。すぐに契約してワークパーミットを取りたい」

それが理由でした。翌17日朝8時の羽田発のフライトを押さえました。

こうして、契約は私が現地に入る17日に結ぶという流れになりました。

航は契約前のメディカルチェックのために、クラブが用意したプライベートジェットでフランクフルトからリバプールへ飛びました。私は、それを追いかけるようにヒースローへ向けて飛んだのです。

17日は朝6時に自宅を出たのですが、羽田からの出発が天候不良で3時間遅れ。マンチェスター経由でリバプールのホテルに到着したのは、現地時間で17日の深夜になってしまいました。

丸一日かけての移動中にも契約書の内容をチェックしていたのでほぼ眠っておらず、正直なところもうろうとしていました。そのまま会議室に連れていかれて、7人での打ち合わせがスタートします。

そこから数時間で詳細を詰めました。そして、部屋に戻っている航が呼ばれ、最終確認をしてサインを終えました。

決して焦って決断しない

現在の日本代表の中盤のエンジンともいうべき存在の遠藤航は、ドイツに移ってからの3年間でブンデスリーガでも有数のミッドフィルダー（MF）と目されるようになった。デュエルの回数とその勝ち負けを集積したデータでは、ドイツでも指折りだった。

サッカーを始めたのは小学校1年生のとき。神奈川県横浜市にある南戸塚サッカークラブ（SC）に所属する、横浜F・マリノスが好きな子どもだった。プロ野球の読売ジャイアンツにも関心があり、近所の公園でボールを投げていたともいう。

小学校高学年になっても横浜F・マリノスへのあこがれはもち続け、同クラブのプライマリー（小学生で構成されるチーム）のテストを受けたが落選。中学進学の際にもジュニアユース（中学生年代のチーム）のセレクションを受けたが、選考外になっている。

中学校は小学校時代の指導者に勧められ、地元の南戸塚中学校に進みサッカー部に所属した。野球やテニスとグラウンドを共有するという恵まれた環境ではなかったが、3年生のときには県でベスト8まで勝ち上がった。小学校時代からずっとストライカーなど攻撃的なポジションだったが、このときにセンターバックにコンバートされている。

第1章

ビッグディールは突然に

中学3年生の夏に湘南ベルマーレのユースチームの練習に参加した。同学年でのちにサンフレッチェ広島のユースに進むゴールキーパー（GK）がいて、プロのスタッフの目は彼に向いていた。そのGKのすぐ前にいたのが、センターバックになっていた遠藤航である。そのプレーぶりがユースチームの監督である曺貴裁《チョウキジェ》の目にとまった。遠藤航は高校進学と同時に湘南ユースに入団する。

キャリアの節目になったのが、遠藤貴との出会いである。

航との出会いは、彼が17歳のとき。彼が生まれ育った戸塚駅の近くにあるカフェだったでしょうか。年齢のわりに浮ついたところのない、真面目な青年というのが第一印象でした。

その面会より前、航が年代別代表の試合でヨーロッパに遠征したときに、現地のエージェントにこう聞かれていました。

「あのエンドウっていうのは、ひょっとして君の弟なのか？」

もちろん、プレー面でも惹きつけられましたが、そんな因縁めいた話が彼に目をとめるきっかけになりました。

当時の航は湘南ベルマーレでプロ契約の道に踏み出そうとしていて、そのとき私が担当していたベルマーレの選手にプロへの気持ちを明かしたところ、「じゃあ、オレの担当者に会ってみるか」ということになったのだそうです。

最初から海外志向のタイプ、キャリアの途中で目が海の向こうにいくタイプ、選手にもいろいろなタイプがいることは、その時点ではわかっていました。本人の希望があれば、国内クラブでのステップアップの先に海外移籍もイメージとして共有できます。ただ、その前に国際的なエージェントの習慣なのか、「海外でやれるだろうか」という尺度で見てしまうのです。

航のときもそうでした。身長はどうだろう。センターバックもやっているし、日本国内であれば通用するかもしれないが、インターナショナルではどうだろう。ボランチならばいけるかもしれない――。素朴な普通の高校生を前にして、そんな未来を見

第1章 ビッグディールは突然に

ていた気がします。航は航で、代理人には少し小太りな典型的な日本人のような先入観をもっていたらしく、私のことを見て「かっこいい」と思っていたみたいです。

最初に抱いた素朴な好青年という好印象は、その後も変わりません。

戸塚のカフェで会ったときにはお父さんが一緒でした。子どもの能力と期待を必要以上に評価して入れ込むような親御さんもいる中で、航のお父さんは物静かな感じでした。

その席でお父さんからも、ベルマーレでプロになるタイミングから、エージェントとして正式にお願いしますという話があったと記憶しています。

その後、浦和レッズへの移籍、そしてヨーロッパへの挑戦というキャリアをともに歩むわけですが、航はキャリアを逆算して考えている節があります。実際に、それに近い話をしたこともあるかと思いますが、現役を引退するときは自分で決めて退くのだろうと確信しています。かつての中田英寿ではありませんが、最後の局面でもあわてることなく自分自身の判断とタイミングでキャリアに幕引きできるタイプだと思います。

何歳で引退するとして、その前の数年間はどこにいるか。その前のステップをどう踏むか。そんな計算があるからでしょうか、いままで何があっても動揺するようなところを見たことがありません。裏を返せば、プレーもそうですが、不安や恐れがなく、常に状況を分析しているから怖くないのだと思います。

これは一般論としてほかの選手にも広くいえることですが、経済的な面を見ても、現役時代の稼ぎを計画的に運用できている選手のほうが少ないので、キャリアの終盤にくると焦りが出てきてしまいます。そうしたことが起こらないように、私たちエージェントがきちんとビジョンを描いていかなければならないわけですが、やはり最後は選手自身の問題です。

航は、「いつ何があって引退しても大丈夫」という自信があるのだと思います。賢い選手ほど安定して心を保つことができる。それが真実であることは、航と接していて再認識します。

いままで迷いがないといいましたが、もちろん航も聖人君子ではありません。

浦和にいたときに、自分自身で「このままではまずい」と感じていた時期があったように思います。レッズは人気選手が多く、付き合いもあって、多少は派手な世界を知ることになります。楽しい世界だなという思いを抱いても不思議ではありません。

そこで道を分けるのは、そうした環境に身を置く自分を客観視できるかどうかです。かつての日本代表クラスの選手でも、そうした日々が楽しくなって海外志向がしぼんでいったこともあります。

でも、航は違いました。

「これをやっていたら、たぶん自分はダメになる。海外に早く行きたい」

置かれた環境にいる自分を見つめて、逆にその思いを強くしていったのです。

実際に航から、早く海外に行きたいという希望を聞きました。私はそこから本格的に海外移籍の道筋を描き始めました。

誰よりも彼自身が、楽しさに浸ってしまう前に動かなければならないことをわかっていた。

つまり、自分の弱い部分を知っていたのです。まさにそのことが人間の真の強さの源なのではないかと、最近ではそう思うようになりました。

湘南ベルマーレとのプロ契約、浦和レッズ、シント＝トロイデンＶＶ、シュツットガルト（ドイツ）というキャリアにはいくつかポイントがありました。

まず、浦和レッズへの移籍のタイミングです。

レッズに移籍することになったのは、２０１５年12月でしたが、オファーはその前年からきていました。当時の航は21歳で、人気クラブからの誘いに心が揺れないはずはありません。

しかし、航は自分を育ててくれた湘南ベルマーレへの気遣いを忘れていませんでした。２０１５年はベルマーレがＪ１リーグ残留に挑んだ年で、クラブのその後を決する大事なシーズンでした。

航は1年、踏みとどまりました。それは私にとっても渡りに船でした。

移籍を1年延ばしてＪ１で本当の実力を指し示すことができれば、評価がぐんと上がるという読みがあったからです。キャリアパスを考えれば、そのほうが海外移籍はぐっと現実味が増すことになります。

タイミング一つで選手の価値は天と地ほど変わる

移籍はタイミングが大きくものをいいます。

サッカー選手の移籍市場は、株式相場に似たところがあるのも確かです。決して長いとはいえない選手寿命を考えれば、株でいう「売り抜け」の時機を逃すべきではないというのも一理あります。

しかし、同時に選手は生きている人間です。株と違い、売り買いのあとの結果にかかわらず本人との付き合いは続きます。それが成功しようが失敗しようが、選手は生きて感情をもった人間としてエージェントの目前にいます。

焦燥や思い違いから、負の感情をもたれることもあります。でも、エージェントは選手のキャリア全体を、もっといえば引退後の人生までも引き受けなければならないと考えています。

だとすれば、ときに待つことも重要です。

結果的に、1年間の待ち時間はその後の航の可能性を大きく広げることになりました。J1の舞台でベルマーレのエンジンとして国際舞台で活躍できる能力を発揮し、実際に日本代表にも選出されました。

その猶予は私にとっても得がたい時間でした。浦和から海外に行くステップの可能性をエージェントとして熟慮する時間をもてたからです。

浦和は将来的な海外移籍の希望条件を快く受け入れてくれました。さらに、これまでの湘南に近いスタイルで、ポランチやリベロとして少し前目でプレーさせたいという監督の意向は、航の将来像を見据えた私たちの考えと合致していました。

単純に1年間の時間を置くことについて、2人の会話の量が増えたということではありません。阿吽《あうん》の呼吸で、もっとも効果的なパス交換をしていたことになるのでしょうか。

選手のキャリアパスを描くうえで、大切なことはいくつかありますが、その一つが契約解除違約金（契約期間内の移籍にともなう契約解除のための違約金で、移籍先クラブが肩代わりして所属元クラブに支払うことが通例＝本書では原則として「移籍金」とする）の設定です。

一般に「移籍金」「違約金」と呼ばれるこの条件が選手の名誉にも富にもつながり、キャリアの門戸をくぐる際の枷《かせ》にもなります。

一般論をいえば、クラブは出したくない選手の移籍金を高くしていて、それでも獲得したい「出し先」のチームはその金額を払って移籍を決めます。すると、次に移籍の舞台の幕が上がったときに、今度は「出し元」になる「旧出し先」のチームは、自分たちが払った金額に上乗せした金額で選手を移籍させようとします。

クラブにとって税法上は減価償却の対象にもなるこの違約金を、クラブの財政事情と選手自身の年俸を照らしながら設定することが、選手のキャリアアップのポイントになります。

ベストは移籍金の設定を低く抑えながら年俸を上げていくことです。

クラブの事情と意向によっては、複数年契約を結んで1年ごとに移籍金を下げていく設定にするという手もあります。そこはクラブがその選手をどう評価しているかによりますし、クラブが置かれた経営状況にもよりますが、そこの見極めがエージェントにとっての勝負どころです。

さらに、ベルギーを経てレンタルで移ったドイツで完全移籍が実現したのも、金額的なハードルの低さがありました。

一時のお金ではなく、移籍金の設定ミスはそのまま選手のキャリアアップ終了を招きかねません。そして、選手自身にその認識がない場合も、往々にしてあるのがこの世界なのです。

エージェントの存在価値はそこにあります。

不安定な状況こそブレない

航のブレない精神的な強さは海外でも一貫していました。

２０１８年に初めて海を越えて渡った先はベルギー。すでに20代半ばになり、海外移籍には最後のチャンスだろうかというタイミングでした。

そこに、ボランチの駒として航を評価していたシント＝トロイデンＶＶが候補に上がりました。

日本の資本が入って、のちにプレミアリーグのアーセナルＦＣに移った冨安健洋らが所属していましたが、当時は彼らの出番が少なくなっており、日本人選手からはやや敬遠されるような雲行きになっていました。

一方で、そうしたムードを感じ取ったクラブからは、代表クラスの選手を迎え入れることでクラブの価値を上げたいという思惑が透けていました。そうした微妙な情勢も航には伝えましたが、彼の答えは「行きましょう」でした。

シント＝トロイデンＶＶ移籍後に試合に使われなかったり、クラブからの評価が上がらないといった状況にも、航はまったく動じませんでした。

普通の選手ならば不安になり、焦りが大きくなってエージェントに「移籍したい」「このままじゃダメだ」という心境を吐露したくなります。実際に、ベルギーでは絶対的なレギュラーではない状況でしたが、航はブレませんでした。

一時は６人もいた日本人選手が次々と移籍を決め、一人になってしまうめぐり合わせ。ベルギーでも片田舎の町に一人残されて、心さみしい部分もあったかと思います。でも家族に支えられて、黙々と自分に流れがくるのを待ったのです。

その我慢はドイツへの移籍という果実をもたらしました。

アーセナル時代から私と旧知のスヴェン・ミスリンタートが、シュツットガルトの強化責任者でした。そして、26歳と年齢的にも中堅で、ピッチ上でのデータも自クラブの補強ポイントに合致するという理由で航に着目してくれたのです。

夏のマーケットが閉まる前に、レンタル移籍が決まりました。

ドイツに渡り、出番がないまま数カ月が経っていました。

レベルの高いドイツとはいえ、出場時間を求めて移った先でまったく出番がめぐってこない。エージェントに嫌味の一つでも口にしたいところでしょうし、その程度のことは私も覚悟していました。しかし、航は平然としていました。不安をまるで顔に出さない。

自分の役割は守備的ＭＦだと冷静に分析し、ときにコーチを通じてそのポジションでの自信をアピールしつつ、出番を待ち続けました。

そして、3カ月後にポジションを手にし、指揮官の交代という局面も乗り越えて、春にはレンタルから完全移籍を自分の力でものにしたのです。

2つの家庭環境の大切さ

その後もしばらくは、新監督に様子見という感じで力を測られていたにもかかわらず、一度出番をつかむと離さず、翌年にはキャプテンに任命されました。

この強さ、ブレのなさはどこからくるのか。私は2つの要因を考えていました。

まずは航が育った家庭の影響です。

お父さんは日本を代表するメーカー勤務後に、いわゆるトレーダーとして独立をして資産運用のプロになった方です。航が自分のキャリアを考え、いまでも収入を運用して将来に備えている背景には、父親の影響があると見て間違いありません。実際にその運用の仕方は専門家顔負けで、証券会社の人も驚いたと聞きます。

資産のことだけでなく、海外でのプレーを見据えて、ベルギー行きを決める1年前から語学の個人レッスンも受けていました。

タカサカモトさんという、おもにアスリートに語学やリベラルアーツを教えてくれる方に師事していました。

そもそも中学時代に英語に苦手意識をもち、自ら志願して塾に通っていたという下地もありました。ベルギーに移籍した当初、「英語で1曲歌わされるだろうな」という予測の下で、中学英語から学び直しながらエド・シーランの歌をマスターしていたと聞きましたが、そうした周到さは家族の影響でしょう。

もう一つの要素として挙げられるのが、自らの家庭の安定です。

航は海外に移籍する時点で3人の子どもがいました。いまイングランドで成功している三笘《みとま》薫もそうですが、早くに家庭をもつことは成功の大きな要素です。

航は自分自身のことだけを考えて一喜一憂することがありません。

チームは生き物で、エージェントがいかに有利なカードを引き当てて移籍を実現しても、監督の去就や周囲の選手の状況によって、出番を失うことはよくあるものです。

そんなときに、ちょっと外されたからといって、「もう移籍する」と投げやりになってしまう選手は、失敗することが多いのです。

航は物事を客観的に見て判断できる選手です。いままで私が示した選択肢に首を横に振ったことはありません。

なぜ、そんなに信頼してくれるのか。航にとって何がいちばん正解なのかという道筋を、お金抜きにして考えていること。それが伝わっているのかなと思います。

これは本人も認めていますが、語学力もふくめて、こんなに着実なキャリアを計算の下で積んできている選手は、ほかにいないのではないでしょうか。

浦和レッズからシント=トロイデンＶＶに移籍した頃、英語はまだ片言。それがシュツットガルトでキャプテンを務めて英語でインタビューを受けられるようになり、今度はイギリスでネイティブとやり合う。それだけ考えてもすごいことだと思います。

もちろん、そうした本人のキャリアアップの意識もありますが、航はワールドカップでドイツやスペインに勝っている日本代表で、現在はキャプテンであるという周囲からのリスペクトも確実にあると思います。

この20数年で日本人選手の価値は大きく変わってきていますが、そのシンボルといえるのかもしれません。

以前はスポンサー目当てであったり、「化ければもうけもの」であったりという見方だったのが、今回の航にしても、アーセナルの冨安にしても、ポジションをあてこんで名門クラブが日本人選手を獲得する例が多くなってきています。

とはいえ、伊藤洋輝にも複数のオファーがきていたことでもわかるとおり、「日本人選手は下位クラブでも、プレミアリーグだったら喜んで来るだろう」というような認識があるのも事実です。

プレミアリーグにあこがれている日本人ならば、移籍金も安くてすむのではないか、というわけです。若い選手ならばそれでもチャンスをつかむためのキャリアパスとしてはありえますが、多くの選手が、「勝てるクラブ」に行くキャリアと、経済的基盤をしっかりもつことにこだわり始めています。

この20数年の日本人選手の意識に、大きな変化があったことを物語っていると思います。

縁が縁を呼んで輪が広がる

2023年8月19日、プレミアリーグ第2節ボーンマス戦。

遠藤航は後半に交代出場して、プレミアリーグでのデビューを果たす。3－1とリードした後半18分に、アレクシス・マカリスターが退場処分となったのを受けて、中盤に投入された。

試合前からかつてないほど緊張していた遠藤貴がボードルームで安堵のため息をついていると、若くダンディーな紳士が笑顔で近づいてきた。

「いい選手を連れてきてくれて、本当にありがとう」

握手を交わした相手はリバプールFCのCEO、すなわち会長だった。

そして、その言葉は移籍翌日にチームの昼食会場で会ったクロップ監督が発したのと同じ言葉だった。遠藤貴はクロップに聞いた。

「どこで彼のことを知った？」

「何を言っている？　ずっと彼のことは見ていたさ」

遠藤航の移籍により、シュツットガルトの金庫は潤った。そのことは遠藤貴にとって、もう一つの懸案だった伊藤洋輝の問題を解決に導いた。

リバプールからシュツットガルトに飛んだ遠藤貴は、クラブとの残留交渉に臨んだ。

シュツットガルトのスポーツディレクターは、私が懇意にしていた前任者のスヴェンの後釜で、あまり関係性を築けていませんでした。

彼はメディアには洋輝を「大切な存在で、残したい」と言いながら、こちらには何もはっきりしたことを言ってこないので、洋輝も私もイライラしていました。

この1年、移籍の話が何度も持ち上がりながら、契約は3年間も残っているということもあり、こちらが不満をのみこんでいた部分が大きかったのです。

セカンドチームで入ってから、チームに負傷者が出たこともあってチャンスをつかみレギュラーに定着。給料も上がってきていました。

ギリシャ代表のコンスタンティノス・マヴロパノスやクロアチア代表のボルナ・ソサなど、クラブが出したいと思う選手がいるのは、こちらも移籍候補先からの情報でわかっていて、どれくらいの金額でシュツットガルトが出そうとしているかも把握していました。

金額にして全体で推定1500万ユーロくらいでしたが、なかなか移籍先が決まらないのでシュツットガルトは焦っていました。

そこで私が直談判をして、「洋輝を移籍させるか、トップチームのレギュラーにふさわしい契約内容に変えてくれ」という交渉をするために、フライトを予約しました。

残留の条件として、移籍金を低く設定することも要求する腹積もりでした。ほかの移籍候補選手が決まってしまうと、「もうお金があるから、移籍はさせない」ということになるので、こちらもここで決めてしまおうという覚悟でした。洋輝本人が移籍したいという気持ちならば、私もここで決めなくてはいけないという気持ちで臨みました。

契約期間が残っているのだから、その契約をまっとうしたほうが選手にとっていいのではないか。一般の感覚ではそう思われるかもしれませんが、サッカー界の現場では必ずしもそうではありません。

選手の感覚としては、同じプレータイムで活躍の度合いも同じなのに、隣に3倍の給料をもらっている選手がいるというのは耐えられないし、その気持ちがパフォーマンスに出てしまいます。「出ていきたい」ともやもやしたままプレーするくらいならば、クラブときちんと話し合ったほうがいい。そうせずに険悪なムードが生まれてしまうのならば、私はきちんと話したほうがいいという考えです。

とくに洋輝については、2月くらいに私たちが「この夏に出します」という宣言をしていたのに、夏のマーケットのクローズが迫ってきていました。それなのに、一向に動きがありません。

現地パートナーのエージェントに何度も交渉してもらってはいたのですが、現地の窓口になる人間にクラブとケンカをさせるのは得策ではありません。

そこで夏のウインドウが閉じる前のリミットを設定するためにも、強引にアポイントメントを取ろうとしました。

前回、私がクラブを訪ねたときに、セカンドチームに移籍させたチェイス・アンリの扱いをめぐって、かなり強い態度に出ていたこともあり、「エンドウはけっこう手ごわいぞ」と警戒されていることもわかっていました。

今回もある意味で、あえて悪役を演じる〝バッドポリス〟になって臨もうと思っていました。少なくとも警戒する人物が来るとわかっていれば、何かを用意するだろう、という読みもありました。

いい移籍は単発ではなく連鎖を生む

伊藤洋輝は、ここ数年の日本サッカー界でもっとも注目度が高まった選手の一人といえるだろう。

10代で年代別日本代表として注目されたが、日本代表にステップアップしたのは2022年になる。ドイツで一躍脚光を浴びて、森保一監督の目にとまるという〝逆輸入〟で選出された。日本で育成された選手ながら、まずはヨーロッパの〝ショーウインドウ〟に飾られた選手である。

1999年生まれの24歳。10代半ばにしてジュビロ磐田ユースで頭角を現し、年代別代表にも選ばれて18歳で磐田のトップチームに昇格。2019年は名古屋グランパスにレンタルで出されたが、2020年に磐田に復帰。J2でセンターバックとしてプレーした。しかしチームのJ1昇格はかなわず、伊藤の目は海外に向く。

遠藤貴と出会ったのは名古屋グランパス時代。チームの同僚で仲の良かった選手を通じた紹介だった。

仕事のパートナーが洋輝の同僚選手のエージェントなので、最初は彼を通じて洋輝と知り合いました。

もともと、洋輝は10代で出場した国際大会でのプレーにより、ヨーロッパのマーケットでは注目されていた存在でした。「一度会おう」ということになって最初に話をしたときには、「語学力に不安があるがなんとかなる」と前向きな発言もしていました。

磐田から名古屋に移って、試合に出たり出なかったりという状態のときで、「このまま磐田に戻ってどうすべきか」という相談を受けた格好です。

本人には当時から海外という選択肢はあったと思いますが、私も同様に「海外向きじゃないか」と考えていました。左利きというレアな武器があるうえ、しなやかでパワーもあるからです。

そこで、シュツットガルトの強化担当だったスヴェンに連絡を取って、映像を見てもらいました。スヴェンはかつて香川真司を見出《みいだ》した人物だし、シュツットガルトにはすでに航を入れた実績もありました。さらに、航がチームの中心としてプレーしているというタイミングにも恵まれました。

そういうタイミングだと、クラブ側にこちらへの信頼があるものです。

日本人選手が次々と加入して活躍したセルティックFCの例でもわかるとおり、一人の選手が敷いたレールに乗るという流れは、次の移籍で大きな動きを生み出すことがあるのです。

洋輝は磐田からのレンタルで、1年間はシュツットガルトのセカンドチームでプレーするのが当初の契約でした。

チームに加入が決まったのが6月。トップチームで負傷者が続出したこともあって、8月に一度、トップでプレーしたあとにカップ戦で出番をつかみ、シーズン佳境の年末にはレギュラーをつかんでいました。

ヨーロッパのマーケットで多いとはいえない左利きで、ミッドフィルダーもセンターバックもできます。188センチメートルというヨーロッパでも遜色のないサイズで、性格的にも物怖じしません。

その後、日本代表に選ばれて、2022年のワールドカップ・カタール大会でメンバーに入りました。

やはり、代表チームでプレーすることの価値は大きいものがあります。いまの日本人選手の中では、ベスト3に入る市場価値をもつ選手だと思っています。

強気なところも、ポジティブなポイントです。

メディアでいろいろ言われてもしゅんとしないのは、物怖じしない性格だからかもしれません。ともあれ、プレー面での評価は表に出ている情報の何倍ものオファーがあるほど、高いものがあります。

1部残留争いのレベルにいるシュツットガルトはホームスタジアム建設の動きもあり、多額のキャッシュが必要という事情があります。

一方で、サポーターや株主などへの表向きの見え方として、有望な選手を放出することに傾斜しすぎると批判を浴びる恐れもあります。

そういったクラブ事情を汲んで交渉し、その過程で年俸をある程度上げて残留することで、クラブの顔を立てる代わりに移籍金を抑制し、次に有利になる交渉のためのカードを保持します。

ときに、そんな交渉も必要です。自分たちの損得も大事ですが、「総取り」「一人勝ち」はよくありません。選手にとって、今後のためにならないからです。

選手にとっても、ビッグクラブに行くことが必ずしも幸せかどうかはわかりません。ヨーロッパには、「バルサにいた」「レアル出身」という選手が山ほどいます。それぞれスペインを中心に世界的に人気のあるクラブで、そのFCバルセロナ、レアル・マドリードCFのBチームや育成の下部組織に所属していたというキャリアを釣り書きにして、エージェントが交渉に臨むケースも少なくありません。

でも、移籍交渉においては派手だけれども実態のない看板は不要ですし、選手のプライドを満たすだけの誇大広告になりかねません。エージェントの仕事は、そうした真偽を慎重に見極めて選手を的確な道に導いていくことでもあります。

今回の洋輝の場合は本人のモチベーションの問題でした。本人の希望を最優先にした交渉で、粘り強く移籍の交渉をしつつも、クラブが折れない場合には年俸を市場価領に見合うように引き上げつつ移籍金を設定するといった内容でした。

ドイツ以外のヨーロッパの名門クラブからのオファーは魅力的で、本人も今度は正当な評価が受けられるだろうと気持ちが傾いていたことも事実です。

ただ、航がリバプールに急転直下で移籍したことがことを動かしました。

第1章

ビッグディールは突然に

シュツットガルトがおもに移籍金で稼ごうとあてにしていたマヴロパノスの移籍がなかなかまとまらないまま日々が過ぎていて、出せたとしても推定800万ユーロくらいの値づけ。とてもクラブとしては飲めない数字です。

また、ソサにはトッテナム・ホットスパーFCからオファーがくるといわれながら、結局は来ませんでした。一方で、クラブは洋輝を放出しない方針を変えないままでした。そういった状況で放出による移籍金の見入りが未確定のためなのか、クラブは方針とは裏腹に洋輝の再契約交渉に対して一向に動こうとしませんでした。そうした状況を見ながら洋輝の移籍交渉に臨もうとしていたのですが、16日に私が現地行きをキャンセルしている間に、航の話が急展開で決まりました。それでシュツットガルトには、推定35億円が転がりこんできたわけです。

その後に、マヴロパノスのウエストハム・ユナイテッドFCへの移籍が推定1700万ユーロともいわれる金額で決まりましたが、クラブに来たときには微々たる移籍金だった航が、30歳の年齢ながら元アーセナルで26歳のギリシャ代表よりもクラブにお金を残したというのは、貢献度としては大きなことだと思います。

そのお金のおかげで、洋輝は好条件で再契約できたのです。

シュツットガルトのCEOには、「ワタルのおかげですべてがうまくいったな」と言われましたが、裏を返せば航の移籍がなければ、まとまらなかった話ということになります。

交渉の押し引きのために、ダメでもともと思いながらも16日に押し掛けるつもりだったのです。

実際に、洋輝にはそれなりに高額な移籍金で獲得する話があったのですが、監督は、「左利きのサイドバックはどうしても残してほしい」と要望していたこともあって、首を縦に振りませんでした。

そうした現場の事情もあって、話がスタックしていました。

動きの遅かった台風の影響で遅れたフライト。その間に舞い込んだ名門クラブからのオファー。そのズレによって、移籍と再契約の話が一気に進んだことになります。

すべてがめぐり合わせでした。

航のデビュー戦となったボーンマス戦の翌日、2人でリバプール市内を散策しました。屈強のセキュリティ・ポリス（ＳＰ）が常についていて、港近くのイタリアンに入って食事をしました。波止場近くの観光地ならば、選手とわからないだろうと考えたからです。

ところが、そんなことはありませんでした。観光客がほとんどだったように思いますが、そこにいたほぼ全員から写真を求められ、店を出るときには従業員全員とグループ写真を撮影することになりました。

「ずっと見てきた夢がかないましたね」

帰り際、航が発したこの言葉は、生涯忘れることはないでしょう。

第2章

代理人という仕事

代理人は眠らない

遠藤貴は明け方まで眠らない。

酒も飲まない。

若い時分にはテキーラを生《き》で飲んでも顔色一つ変わらなかったから、酒を受け付けない体質ではない。いまでも、商談で最初の1杯を空けなければならない場ではビールを口にすることがあるが、それも年に数回にすぎない。

1日は長い。ヨーロッパとの時差8時間ほどの東京・品川区の自宅と職場で午前中から働き、ベッドに入るのはほぼ毎日、明け方だ。

夜中でも鳴るスマホの呼び出し音。前触れなく飛び込んでくるメッセンジャーアプリの通知音。日本の夜半過ぎ、ヨーロッパのマーケットはまだ活発に動いている。

扱うのは数字が乱高下する為替ではなく、生きた人間だ。病気にもなるし、ケガもする。監督とぶつかるかもしれないし、トラブルに巻き込まれることもあるだろう。

そんな連絡を受けたときに、頭を完全にクリアにしておかなければ意味がない。酒は仕事のパフォーマンスを下げるばかりか、命取りのミスにもつながる。

契約選手がボールを追いかけ、相手と体をぶつけ合って戦っているのに、自分だけが眠っているわけにはいかない。

ときに、自分自身もジムのランニングマシンで体を動かしながら配信映像をチェックする。眠るのはそれからだ。

サッカー選手のエージェントとしての、数十年におよぶ遠藤貴の流儀である。

最後に完全にオフを取ったのは何年前だったでしょうか。

新型コロナにかかったときに強制的に休んだくらいで、倒れない限りは休みません。お酒を飲まないのは、たばこなどと同じで中毒性のあるものを好まないということもありますが、この仕事は夜中でも平気で電話がかかってくるからです。

それもかなり重要な連絡で、ときに選手の移籍について、その場で判断をしなければならないこともある。大事な数字がすぐに出てこなかったり、あるいは誤って伝えてしまったりすることは許されません。

ぼんやりしていて、判断ミスをすれば商談が成立しないばかりか、選手のキャリアにとって致命傷にもなりかねないのです。

就寝するのはヨーロッパのビジネスアワーが終わり、所属選手の試合をチェックしてからなので、朝の4時か5時くらいです。

日本のクラブが練習している午前中は緊急の出来事はまず起こらないので、9時か10時に起床。新聞をチェックし、携帯に着信があれば対応します。日中は電話やオンラインでのミーティングが続きます。

第2章
代理人という仕事

担当選手の試合は極力ライブで見ます。

Jリーグは水、金、土、日曜日に試合があるし、ドイツの試合は日本の朝4時にキックオフということもあります。

ジムのランニングマシンで走りながら試合を見ることもあります。「選手と同じ気持ちでやろう」というのが私の基本コンセプトだからです。

45分のランニングで、走る距離は8キロメートルくらいでしょうか。試合後には選手と連絡をとるようにしているので、そのぶん寝るのが遅くなることも多くなります。

契約交渉は1年中、いつでも動いています。

日本には育成型移籍があって23歳以下はいつでも移籍できるので、対象の年齢の選手とは毎日のように連絡をとりあっています。毎試合、出るか出ないかわからないような立場の選手には、いろいろな話がきますから、常に状態を確認しておく必要があるのです。

強化担当者の会議を午前中の練習の前に行うチームもあって、その前後や最中に情報収集の連絡がくることもあります。

「あの選手はいま試合に出ていないようだけど、何かあったのですか」

「もしリストにあげたら、獲得の可能性はあるのでしょうか」

そんな会話を交わします。うちの事務所には23歳以下なら、寺山翼、西堂久俊、染野唯月などの選手がいますが、そういった若い選手は常にほかのクラブから注目されています。

クラブからエージェントに連絡がくるのは、選手に直接は聞けないからです。選手がいまのチームに不満をもっているのか、場合によってはチームを出られるのか、違約金は設定されているのか――。

夏の移籍に向けて、6月くらいからは、とくに情報が飛び交うようになります。情報は毎日のように更新されますので、それこそ毎日、1日に何十回も電話をかけてくる人もいます。少しでもアップデートされた情報が欲しいからです。

弱肉強食の世界ですから、「あの選手はいま、精神的に弱っているようだから、いま取りにいく」といったクラブもあるのです。

選手からの連絡も多いです。プライベートなことや、他人からみれば些末なことでも、それが朝8時前であっても、丁寧に対応します。

そのため、ほとんど眠る時間がない日も多く、睡眠は平均して4時間から5時間。もともとショートスリーパーなのか、ほとんど苦にはなりません。

移籍市場の繁忙期は年2回

「代理人」という職業を見聞きした人も多いだろう。

少し前には、元サッカー選手が代理人になって活躍する姿がテレビドラマでも扱われた。厳しい資格試験があることも多少は知られているかもしれない。しかし、実在の代理人がメディアに登場して多くを語ることはまずない。いわば〝黒子〟の存在だ。

遠藤貴は、サッカーの選手や監督の代理人としてチームと向き合う公認エージェントの一人である。世界中に数多いるエージェントの中でも、最難関といわれるイングランドサッカー協会の公認を受けて活動をしている一人だ。

サッカー界におけるエージェントは、選手に代わって所属クラブとの年俸交渉や、国内外で移籍を行う際に所属クラブと移籍先クラブとの間に立って交渉し、移籍の橋渡しを担う。税金対策など財政面のサポートや、肖像権がともなうメディア対応の管理、移籍先の新居探しといった個人的な部分までを受けもつことも多い。世界のサッカー界では多数の有力選手を抱える大物代理人もおり、大物選手や監督の価値を高める役を演じて、移籍市場での存在感を増してきた。

現代サッカーの移籍市場はふくらむ一方だ。新型コロナウイルスの蔓延で一時は停滞したが、2022年6月から9月1日までの、いわゆる2022年の夏のマーケットで実現したサッカー選手の移籍は、未発表分もふくめると1万を超えたといわれている。そこで動いたお金は50億ドルを超え、日本円にして7200億円に迫る。FIFAなどが公表した数字によれば、エージェントの手数料はその10％弱の約5億ドル。2012年には6・1％だったのに対して、現在では9・9％まで上昇した。

つまり、世界中のサッカー選手の動きによって720億円ものお金がエージェントの稼ぎになっている。現代サッカー市場の流動性を高めるのが、野望に満ちてとどまるところを知らない欲望の持ち主であるビッグクラブの会長はじめチーム関係者だとすれば、その仲介人としてのエージェントは移籍市場を活性化する車輪のようなものだ。動輪ではなく歯車にすぎないが、ときに大きなエネルギーを市場にもたらす。

日夜、情報をキャッチしながら市場をにらんでいるエージェントの目の色が変わるのが、年に2回の「デッドラインデー」だ。

ＦＩＦＡのレギュレーション（規則）は、選手の移籍をプレシーズンとシーズン途中の合計2回に制限しています。

ヨーロッパの主流である秋春制（8月〜5月）を採用するリーグでは、5月のシーズン終了後から8月末までがいわゆる夏の移籍市場で、シーズン途中の1月からの1カ月間が冬の移籍市場です。

移籍可能な期間は国やリーグによって異なり、日本のように春秋制を採用するリーグでは、12月のシーズン終了から3月末までが一度目、7月から8月の1カ月間が二度目の移籍期間ということになります。

夏の移籍市場が閉まる8月31日、冬の場合は1月31日。

国やリーグによって数日のずれはありますが、選手の移籍期限として設定されているこの月末が、エージェントにとっては溜まりに溜まったアドレナリンが一気にほとばしる日です。

一年中せわしないエージェントにとっても、その前の数カ月はとくに気が抜けない日々になります。

第2章

代理人という仕事

日本にとっての夏のウインドウは一般的に8月中旬に閉まりますが、水面下の活発な動きは5月から始まっていて、7月から8月にピークを迎えます。この時期は本当に心が休まりません。

シーズン開幕と重なるヨーロッパの夏の移籍は、チームの新しい陣容がスター選手の去就によって劇的に動きます。あるチームでいきなり数億のお金が余り、そこに大きなチャンスが出てくることがある。

それもいわば〝玉突き〟的な現象なので、各クラブの動向を日々マークしていなければならないのです。

日本では12月上旬にJリーグが終わると、個々の選手の契約交渉が始まります。

ヨーロッパの冬のウインドウは日本のサッカー界にとってはオフの期間にあたり、Jリーグの各チームはすでに次のシーズンの陣容を固めています。

そこで選手を動かすのはなかなか難しいのですが、一方、ヨーロッパはシーズン真っ最中で、チームのミッションのために必要な駒を必死で探しているチームもあります。そことニーズが合えば、とんでもない移籍が成立する可能性があるのです。

日本人でいえば、かつてACチェゼーナ（イタリア）にいた長友佑都が電撃的にインテル・ミラノへの移籍を決めたのも1月31日の最終日でしたし、フランスに渡った中田浩二（当時、鹿島アントラーズ）の例もそうでした。

冬のウインドウが閉まり、Jリーグの各チームが2月のキャンプに入る頃に、エージェントはやっと一息つけるという感じです。

移籍市場のルールと代理人の仕事

エージェントが正式に資格を認められたのは1996年と、歴史はまだ新しい。

その存在感がより高まった背景には、20世紀終盤以降のサッカー選手の「身分」の変容がある。

サッカー界では長くクラブ（チーム）優位の雇用関係が続いてきた。イングランドサッカー協会が選手の自由移籍の禁止とクラブの保有権を認めて選手の移籍を抑制したのは19世紀終盤のこと。それ以降、所属元が移籍先のクラブに事実上の移籍金を支払う習慣が根づき、サッカー界ではクラブの所有権が当たり前のように容認されてきた。

1世紀以上続いてきた世界サッカーの移籍事情を大きく変えたのは、1990年代にベルギーの裁判所が出した一つの判決である。この判決を契機にクラブと選手の力関係は大きく変わった。

ベルギーリーグ2部のRFCリエージュに在籍していたジャン＝マルク・ボスマンは、1990年6月末に契約が満了になると同時に、フランス2部リーグのダンケルクへの移籍を希望したが、リエージュは同選手の所有権を主張。これを不服としたボスマンは、ベルギーの裁判所にクラブの所有権の放棄を求める訴えを起こす。

ボスマンの訴えは、クラブとの契約が満了した選手の移籍の自由と、ヨーロッパ連合（EU）加盟国の国籍保有者は一般の労働者と同様にEU地域内における就労を制限されないという権利をサッカー選手にも適用することの2つ。欧州司法裁判所は1995年12月、ボスマンの訴えを全面的に支持する判決を出した。いわゆる「ボスマン判決」だ。

これにより、EU加盟国のサッカー選手は、クラブとの契約が満了した場合の移籍が自由になった。さらに2009年11月には、FIFAが契約満了選手の自由移籍を規則上でも認めた。

そこでクローズアップされたのが、契約期間中の移籍にともなう契約解除金もしくは違約金の存在である。契約切れの選手の移籍が自由化されたことで、契約期間中の契約解除に要するお金の存在が選手移籍の重要なポイントになったのだ。

移籍金の設定に関しては、その選手の市場価値と合致した現実的な金額に設定するケースもあれば、スター選手の場合は数百億円などという天文学的な金額に達するケースもある。

後者は、「この選手の移籍はありえない」と宣言しているようなものだ。

この移籍金を移籍期間の残存をにらみながらバランスよく設定することが、移籍交渉のカギを握る時代になった。その仕掛人が多くの場合、エージェントということになる。


Jリーグでは、23歳以下の選手に限って移籍期間外でも下部カテゴリーのチームにレンタルできる、育成型期限付き移籍を採用していますが、世界でもレンタル移籍が盛んです。

レンタル移籍は違約金なしか、完全移籍に比べて低額で選手を獲得できるからです。所属クラブで出場機会の少ない選手に出場機会を与えることや若手選手に経験を積ませるという選手側のメリットとともに、クラブ側の経費削減にもなり、双方に利があります。

また、チームの外国人枠の調整にも有効ですし、レンタル料や選手の給与の支払いがない無償レンタルは、おもにビッグクラブが中小クラブに対して若手選手を貸し出して、選手に出場機会を与えることを目的としたケースに用いられることも多いです。

有償のレンタルについては、シーズン終了後に追加の移籍金を支払うことで完全移籍に変更できる買い取りオプションなど、将来的な完全移籍を視野に入れるケースもあります。

選手とクラブが契約を結ぶ際に、さまざまなオプションを契約書に盛り込むケースも増えています。

たとえば、チャンピオンズリーグ出場を望む選手が、その出場資格をもつクラブからのオファーに限って契約解除金を大幅に減額できる、年間出場数が20試合以下となった場合には契約解除金が30％減額される、といった類のものです。

また、契約年数が減るごとに契約解除金も減額される変動制を採用するケースもあって、市場価値の高い選手が意外にリーズナブルな価格で移籍する際には、こういった複雑な契約条項が影響している場合が少なくありません。

エージェントの報酬については、年俸の5～10%が通例です。現状、私たちの会社は移籍金から報酬は受け取っていません。

「サードパーティーオーナーシップ（TPO＝第三者による選手保有）」といいますが、移籍について第三者が権利をもってはいけないというルールがあるからです。

移籍金をオーナーシップと考えれば、「代理人が移籍金からの取り分を手にすれば権利をもつことになる」という議論が昔からあって、私の知る限りでは裁判などで決着がついたこともありません。

本来は、移籍金を決めるのはクラブとクラブ。しかし、代理人が入らなければスムーズに話が進まないのが実情です。

移籍交渉自体はエージェントがするため、クラブ側からすると、移籍金からお金を受け取ることができればエージェントもきちんと動いてくれるだろうという目算もあり、本来は受け取れない報酬を実際は受け取っているケースがヨーロッパでは一般的でした。

それが2023年10月1日に改まり、エージェントは移籍金から報酬を受け取ることが可能になります。また、数年前まではグレーゾーンとされてきた、選手が移籍金の一部を受け取ることもすでに認められています。なお、その金額は交渉次第になります。

今回のルール変更は、この移籍による報酬部分のキャップ（上限）についての解釈が、非常に複雑になります。

専門家でないと、1日かけても理解できないほど複雑な仕組みです。しかも、ドイツではすでに、フランクフルトの裁判所が、「このルールは認められない」という判断を出しています。各国でそうした判例が出るごとに、移籍のフリーマーケット化が進みます。

つまり、ＦＩＦＡのレギュレーションに沿わない国に移籍するほうが有利になるわけです。

ＦＩＦＡ規則によれば、移籍金からの報酬のキャップを決める目安は20万ドル。日本人の移籍では日本円に換算するのですが、まず、その換算基準が曖昧であることが問題です。

第2章

代理人という仕事

さらに、年俸20万ドルまでの選手は5％まで選手からエージェントに払っていいだけでなく、移籍先のクラブも5％まで払っていいという決まりがあります。

ＦＩＦＡはいったんレギュレーションを出し、各国のサッカー協会はそれに従う方針を打ち出しています。ただ、第三者機関では、あくまでも一般論として価格制限行為は原則違法であるという見解を示しています。

また、20万ドルを超過する選手に関してはレーマン方式（取引金額に応じて報酬料率を少しずつ減らす仕組み）が採用され、20万ドルまでは5％、それを超える部分に関しては3％というキャップが設けられているわけですが、これらすべてがＥＵの経済原則「フリーダム・オブ・コンペティション」（自由競争）に反しています。日本でもこれは健全な競争を阻害する「価格制限行為」であり、独占禁止法に抵触する可能性が高いといわれています。

フランクフルトの裁判所はまさにその点を指摘しており、今後ヨーロッパでは、ＦＩＦＡのレギュレーションが認められない可能性が高いのです。私は早晩、なし崩し的にキャップ制が取り下げられると見ています。

ただし、それにかかわらず、今回の改正では大きな動きがあります。２０１５年にそれまでのＦＩＦＡ公認エージェントの資格をなくして導入した「仲介人制度」が取り払われ、エージェントへの門戸が狭くなるからです。

これは、公式エージェントとしての自分自身の既得権益ではなく、まさに「改正」といっていいでしょう。２０１５年に「仲介人制度」が始まり、エージェントのように振る舞っていた選手の家族や知り合いたちが、ルール上は一掃されることになるからです。

１９９６年に「代理人資格制度」を導入したＦＩＦＡは、公式の資格試験に合格した者だけに公認代理人ライセンスを交付して、選手が国際移籍をする場合、ＦＩＦＡ公認代理人のみに交渉を行う権利が与えられていました。

21世紀に入り、アフリカや南米などを中心に悪徳代理人や無資格の代理人によるトラブルが頻出したため、２０１５年3月限りで「代理人資格制度」の廃止を決め、新たに「仲介人制度」が導入されました。この「仲介人制度」では、各国のサッカー協会に登録をすれば、誰でも代理人業務を行えることになったのです。

この改革のねらいは、エージェントを第三者（サードパーティ）化することにより、選手とクラブの不利益につながるエージェントの搾取や、移籍の出入り口に関わる利益相反行為を排除することにありました。

しかし、実際にはそううまくはいきません。それまで各国のサッカー協会が発行するライセンスによってかろうじて保たれていた知識・見識と服務性がエージェントから失われてしまい、選手の家族や親族をも巻き込み、ときに反社会的勢力と結びついた黒いマーケットにうごめく人々が増えていきました。

サッカー選手の「人身売買」的な要素は、その低年齢化もあいまって目を覆うばかりの状況になっていました。

ＦＩＦＡが腰を上げたのは２０１９年です。エージェントの資格を厳格化するための試験と更新の見直し、さらに手数料の上限を設けるキャップ制の導入の検討をスタートして、コロナ禍での数度の延期を経て、２０２３年10月１日から施行されることになっています。

求められる厳しい自己管理と規制の順守

この改正により、各国サッカー協会に登録してエージェント業務を行っていた選手仲介人は、ＦＩＦＡのライセンスを交付されていない限りは国際取引であろうと、選手移籍の取引を行えなくなります。

クラブ側から依頼を受けて、そのクラブに所属する選手の移籍先を探してきて移籍させる場合には、一つの案件に関して、選手代理人以外のエージェント一人だけが関与できるというルールも設けられますが、ふだん選手と関わっていないエージェントしか仕事ができないということになれば、選手に不利益が生じます。

つまり、選手サイドの意向や希望がまったく無視されたかたちで、単に選手の値札に基づいたビジネスが行われる可能性があるのです。利益重視のエージェントが、高い金額で送りこめる中東にねらいを定めた交渉もできることになります。

日本人選手の移籍についても無理が出てきます。国外からのアプローチがある場合、日本のクラブにくわしいので、外国のエージェントは私に話をもってきます。

現地（日本）のことをなにも知らない人が交渉するのは無理があるし、アプローチもできません。やはり、頼りになるのは現地の人なのです。にもかかわらず、そういう協力ができなくなるのは現実的ではないし、トラブルも増えるでしょう。

逆に、日本人選手を輸出するケースでも同じことが起こります。

現在は、さまざまなオンラインシステムがあり、全世界のクラブとシステム上つながって、オファーが届きます。

しかし、レアル・マドリードからオファーがきたとき、現地の相場や契約形態が日本側にはわかりません。当然、現地のエージェントのほうがくわしいので、そういう人を入れたほうがいいし、入れなければリスクが大きい。だからこそ、私たちもヨーロッパ各地で現地のエージェントとつながっているわけです。

もしも、そのコネクションがなくなれば、危険な移籍に選手が巻き込まれる可能性が出てきます。また、移籍そのものが、現場を知らない人が考え出した机上の空論になってしまいかねません。選手をしっかり守るには、現地の人を介したほうがいいに決まっているのです。

お金のことのみを考えれば、自分たちだけで交渉したほうがいい。でも、選手をサポートして活躍してもらうことを考えれば、現地のエージェントを入れたほうがしっかりとした契約ができますし、ケガをしたときにも現地の人ならすぐに対応できます。この改正は何よりも現場の実態にそぐわない。これもじきに撤回されると見ています。

仲介人制度の下でも、エージェントは常に資格と身分について厳しい自己管理と諸規則の順守をもって活動してきました。

公式のエージェントに課せられた仕事は多岐に渡り、細かさも相当なものです。中でも、イングランドサッカー協会はレベルが違います。

私が取り扱った移籍や契約について、全部の資料と契約書、さらに契約した金額や支払い方法などの内容をイングランドサッカー協会に報告書とともにすべて送らなければなりません。

これからは、選手の父親や友人が1億円くらいの選手に「30億円出せ」などと無謀なことを言うケースはなくなるし、子どものような若者の〝人身売買〟のようなものもなくなるでしょう。

今回の改正にも盛り込まれましたが、ＦＩＦＡは「プロテクション・オブ・マイナー」という条項を設けています。

マイナーとは子どものことです。こうした件に関してＦＩＦＡは繊細で厳しいところがありますが、私自身も国際問題として社会の注目を集める人身売買問題は、サッカー界にとって非常に重要な案件であると考えています。

いずれにしろ、語学力と人脈とネットワーク、そして、真の国際性をもつ選ばれたエージェントが勝ち残る時代がやってくると思います。

ビッグネームが中東、アメリカに集まる理由

現在のエージェントにとって成否を分けるのは、世界市場の潮流の読み方だ。

サッカー選手の移籍の勢力図は、世界経済の変動とともに変化してきた。

かつてはタレントの宝庫である南米から出た逸材たちが、ワールドカップなどの国際舞台で注目されてヨーロッパに渡る構図があった。

ビデオなどの情報の発展により10代の南米選手が原石のうちにヨーロッパに文字通り「買われていく」時代が続き、20世紀終盤からは、アフリカが草刈り場になり、その間を縫うようにして米国や中国など未開のマーケットが大枚をはたいてスター選手の獲得戦に名乗りをあげる時期もあった。

近年の注目はアラブ諸国だ。これまでもオイルマネーをもとに単発的にベテランのスター選手を招く例はあったが、それらの多くは富豪の気まぐれにすぎなかった。

が、この数年のアラブ諸国はイングランドを中心にヨーロッパに流れ込むオイルマネーを国家として集約し、自国の国内リーグの隆盛を図る動きを見せはじめている。誰でも名前を知るビッグネームだけでなく、20歳代後半の中堅どころの選手までがターゲットにされつつある。

遠藤貴をはじめとしたエージェントにとって、見過ごせない潮流である。


世界の移籍市場は大きく変動しています。

2022年にクリスティアーノ・ロナウドが移籍して大きな話題を呼んだサウジアラビアのリーグは、今夏にはフランス代表のカリム・ベンゼマ、エンゴロ・カンテ、ブラジル代表ネイマールら、多くのビッグネームを加入させました。

数年前にも中国が有名なサッカー選手を「爆買い」し、日本でも連日ニュースで報道されました。今回のサウジアラビアによる投資は、その比ではないといわれ、私は一過性のものではないと見ています。

私自身も元オーストラリア代表のアレックス・ブロスケをUAEのアル・アインへ加入させたこともあって、今夏にも中東のクラブから数々の問い合わせを受けました。

その背景にあるのは、2016年に打ち出された国家発展プロジェクト「ビジョン

２０３０」の一環で、国を挙げてサッカーリーグの価値を高めるという目標です。

チェルシーFCでテクニカルディレクターを勤めていたマイケル・エメナロ氏をリーグのフットボールディレクターに置いて、彼を中心としてどのクラブにどの選手を補強するかが考えられています。それに基づいて国のファンドであるPIF（パブリック・インベストメント・ファンド）が資金を投じています。

２０２３年には初めてFIFAクラブワールドカップをサウジアラビアで開催します。さらに、２０２９年の冬季オリピック開催が決まりました。２０３０年のFIFAワールドカップ開催は断念した模様ですが、近いうちに立候補するでしょう。

国単位でサッカーに投資しているサウジアラビアは、AFCチャンピオンズリーグでライバルとなる日本勢にとっても、大きな壁になるでしょう。

ちなみに、イングランドのニューカッスル・ユナイテッドのオーナーはPIFです。

２０２６年に北中米（アメリカ・カナダ・メキシコ共催）ワールドカップ開催を控えるアメリカの動きも見逃せません。

日本でも、アンドレス・イニエスタがヴィッセル神戸に加入したときのインパクトは絶大でした。それが2023年夏にはアメリカのインテル・マイアミに、FCバルセロナで黄金期を築いたリオネル・メッシ、セルヒオ・ブスケツ、ジョルディ・アルバが加入。現地でのインパクトは、私たちの想像をはるかに超えています。

リーグ単位でも、現在のアメリカのサッカーリーグMLSは、近いうちにカナダ、メキシコと一緒になる北米リーグ構想を打ち立てています。

経営の視点から見ても、航が移籍したリバプールFCのオーナーは、MLBのボストン・レッドソックスを保有するアメリカのファンドです。

2022年には、MLBの名門ニューヨーク・ヤンキースがACミランの共同オーナーとなり、アメリカ代表のクリスチャン・プリシッチを獲得しました。

チェルシーFCのオーナーになったトッド・ボーリーは、ロサンゼルス・ドジャースの共同オーナーを務めている人物で、買収額は約6800億円ともいわれています。その買収金を提供しているアメリカのファンドは、ニューカッスルのオーナーであるPIFです。

ヨーロッパのスポーツエージェント会社の50パーセント以上は、すでにアメリカ資本が入っていて、今後もスポーツビジネスの本場アメリカの進出は続くでしょう。

日本ではスポーツはお金にならないといわれていますが、近いうちに世界の資本に飲み込まれるか、置いていかれるのかの選択を迫られることになるでしょう。

私たちエージェントをはじめとしたスポーツビジネスに関わる者が、よりアップデートをしていかなければ、日本における今後のスポーツビジネスの発展はないと考えています。

Photo by J.LEAGUE / Getty Images

第3章

代理人の原点

潜在意識の中での海外

「お世話になります！」

まるで何十回もその場を踏んでいるかのように明るい声で挨拶をしたかと思うと、慣れた動作でオフィスのいちばん奥、その職場の上席のいるデスクにすたすたと歩いていく。すると、何事もなかったかのように名刺交換。狐につままれたようにしている部下たちも、つられて名刺を交換していく。

いったい、誰――？

その場にいる誰もが疑問に思うなか、スーツに身を包んだ長身の青年はオフィスを出ていく。

１９９０年代初め、団塊ジュニア世代の中で就職氷河期を潜り抜け、商社に入った新人による名刺集め研修の一貫だった。

誰にいわれたわけでもない。普通ならば、道で行き交う人に頼んで名刺をもらうのが定石だろう。

実際に研修中の仲間たちはたいそう苦労していた。

それも当然で、会社は「そんなにうまくいかない」ということを新人に肌で感じさせるためにやっているのだ。

そんな中、どうせ知り合いになるならば、できるだけ偉い人のほうがいいと考え、1年後、徹底した情報戦による営業ノウハウを、誰でもない自分自身の手でつかんだ新人営業マンがいた。

第3章

代理人の原点

私が生まれたのは1972年。沖縄が日本に返還された当日で、21年後にJリーグが開幕する5月15日が誕生日です。

仙台市で生まれましたが、生後数カ月で東京都に引っ越したため、出生は宮城県、出身は東京都。父と母、そして3歳上の兄という家族構成です。

両親が教育熱心だったのか、小さい頃からいろいろな習い事をしていました。

水泳やエレクトーンに加えて、英語を習い始めたのは小学校低学年の頃。週に1回、生徒の自宅に講師がやって来て、近所の4人くらいの子どもが一緒に英語を学ぶようなもので、たまにイベントがあると外国人の講師が来てくれました。

その頃から英語を学ぶことに抵抗はありませんでしたが、「遊びの延長」という感じで、その時点では英語力は大して身についていないと思います。

父は、日本電信電話公社（現・NTT）で働いていました。

実は、父の仕事についてくわしく聞いたことがなかったのですが、私が生まれた当時は東北電気通信局に勤務していたとのちに聞きました。

鮮明に覚えているのは、パソコンがいまほど普及していない時代に、自宅にコンピュータがあったことで、何らかの波動を映し出すモニターを見ている父の記憶があります。

もう一つは、父が外国の方からよく感謝されていたことです。

父は日本電信電話公社で働きながら、大学で講師を務めていました。大学ではおもに海外から来た学生たちを指導していたと記憶しています。

正義感の強さが信頼につながったのか、外国人学生らからとても慕われていたようですし、海外から頻繁に手紙が届いていた記憶があります。

そういう姿から、知らず知らずに影響を受けていたのかもしれません。

3歳上の兄に対しては、年齢による差を考慮したとしても、すべてにおいて負けていた記憶があります。

5月生まれの自分は体が大きいほうで、整列するときにはいつも最後尾。何をやってもトップという感じだったのですが、兄には太刀打ちできませんでした。

勉強もできたほうだと思いますが、やはり、兄にはかないませんでした。

父も兄も私にとっては常に先をいく存在でした。

ですから、昔から「普通にやっても彼らには勝てないだろうな」ということを常に意識していました。

私たちは「団塊ジュニア」と呼ばれ、とにかく競争相手が多かった世代にあたります。

小学校のときはサッカーや野球をやっていましたが、週に1回、学校で活動して週末にほかの学校のチームと対戦するくらいでした。

そんな中で、友達は、10歳の頃に始まった漫画『キャプテン翼』の影響を受けていたような気がしますが、私自身は「翼にあこがれた」という感覚はなく、「周囲がサッカーを始めたから、自然と始めた」という感覚です。ポジションは「大型FW」といったタイプの選手でした。

中学校か高校生のとき、背番号10番をつけたくなって、実際につけたことがありました。でも、10番に対するあこがれといったものはとくになく、たぶん「エースだから」という程度の理由だったと思います。

「初めて見たワールドカップは？」とよく聞かれたりしますが、明確な記憶はありません。中学生になっても高校生になっても、特定の選手に対する思い入れのようなものはありませんでしたし、サッカーにくわしかったわけでもありません。

ただ周囲の人よりもうまくなりたいとがむしゃらにやっていて、「プロになる」とか、「海外でプレーする」という意識はまったくありませんでした。そもそも海外は漫画のなかの話であり、本気で海外のプロを目指す子どもなどいない時代でした。

バブル全盛期の学生時代

1985年、翌年のメキシコワールドカップに向けたアジア最終予選で日本代表は宿敵の韓国と対戦した。

第1戦が行われた国立競技場には満員の観衆が詰めかけたが、1－2と敗れ、第2戦も0－1で落とす。NHKの中継でアナウンサーが憧憬《しょうけい》を込めて口にした「メキシコの青い空」が遠のいたその年の春、遠藤は新宿区にある私立中学校に兄のあとを追って進学する。

100年前の創立当時は陸軍士官学校・陸軍幼年学校への予備教育をする機関で、その後中高一貫になった男子校だった。

世はバブル景気に沸き立っていた。

同年の「プラザ合意」で行き場を失った金が土地と株式市場に流れ込み、「山手線内の不動産価格とアメリカ全土の価格が同じ」というほど地価が高騰し、世界の企業時価ランキングで上位5位を日本企業が占めた。ちなみに1989年の1位はNTTだった。

繁華街には深夜まで人があふれ、明け方までタクシー待ちの列が延びる。若者から中年までが男女の別なく刹那的な享楽に浸り、ディスコのお立ち台や、ボディラインが強調されたボディコンが流行し、渋谷など若者の街では高校生らが徒党を組むチーマーが跋扈《ばっこ》していた。


中学校入学と同時に入ったサッカー部は、「厳しさだけは日本一」などといわれていたくらい、厳しい部活でした。あの時代の部活はどこも同じだったと思いますが、練習の途中で水はいっさい飲めないし、真夏の炎天下でも日陰に入ることは許されま

せんでした。練習中は「ファイト！」みたいなことをひたすらに言い続ける、典型的な体育会の部活でした。

私自身は大柄だったこともあり、中学生の頃から高校生の練習に参加させてもらっていました。でもいいことはなく、下働きはすべて年下の自分の役目。合宿では先輩の洗濯物をすべて洗わされます。

合宿も、「体力の限界を超えさせるため」「精神的に追い込むため」といわれていました。山中湖での合宿では朝5時に起きて、まず湖畔を1周。13キロメートルほどだったと思いますが、1時間以内に完走しなければ引き上げられない。ようやく終わっても、その後は午前と午後の2部練習です。

当時を美化する気はまったくありませんが、「あの練習に耐えられた」という点では精神面でのプラスがあったのかもしれません。また、年上の先輩たちを超えることができなかった経験は、自分なりに「工夫しよう」「知恵を働かせよう」という思いを強くした気もします。

都内の私立高校の男子が渋谷などにたむろしている時代でもありました。

サッカー部は真面目にサッカーに取り組んでいながら、わりと派手な連中も多くいました。私は争いごとが好きなわけではなかったのですが、父親譲りの正義感というか、仲間を守るという思いから、ちょっとしたいざこざに巻き込まれたこともあります。何より体力があり余っていました。

高校3年生のときには、退学寸前となる事件がありました。

地元の知り合いだった女の子が、たちの悪い不良につきまとわれて、いままでいうならストーカーまがいのことをされていたらしく、相談を受けたのです。そこで「守ってあげなきゃ」という思いから、相手を注意したらケンカになり……。

それが学校に知られることになるのですが、相談してきた女の子を巻き込みたくなかったから、「電車内で目が合ってケンカになった」と説明しました。「情状酌量の余地なし」という判断で退学という話になってしまったのです。

でも、そうした状況を耳にしたその女の子が、ご両親と一緒に学校に行って事情を説明してくれて、結局、「相手も悪かった」ということで許されました。

退学寸前まで話が進んだとき、父からは「海外に留学すること」を勧められていました。学校の対応に納得のいかない父は「そんな学校はやめてしまえ」と怒りを抑えられない様子で、少なくとも学校に頭を下げる気はなかったようでした。そして、留学セミナーにも一緒に参加してくれました。

父はまっすぐな人で、曲がったことが大嫌いでした。そもそも、理由も聞かずに子どもを叱りつけるようなことはしませんし、いい距離感でサポートしてくれていました。私の「自分で決めたい」という思いを汲んでくれていたのかもしれません。

私にも「海外に行きたい」という思いがありましたから、留学には前向きでした。しかし一転して退学はなくなり、無事に卒業できることになりました。あとから聞いた話ですが、学校の処分に納得できない母親が、奔走して嘆願書を集めてくれたということでした。いまでもそのことを思い出すと、目頭が熱くなります。

いま思えば、「どうしても海外に行きたい」というわけでもなかったのだと思います。実際、退学か、留学かという状況の中で、勉強などまったくしていませんでした。結局、大学に行くどころか浪人することになりました。

1993年5月15日、Jリーグの開幕試合として国立競技場でヴェルディ川崎と横浜マリノスが対戦。ヘニー・マイヤーのゴールでヴェルディ川崎が先制したものの、エバートンとラモン・ディアスの得点で横浜マリノスが逆転勝利を手にしました。日本のサッカーがプロ時代に踏み出したこの試合を、私はテレビで見ていました。

一浪して大学に入り、サッカー部に所属していたのですが、サッカー部を通じて試合分析をニュース映像にするアルバイトの話がきて、仕事として試合を見ていたのです。

仲間と分担しながらJリーグの全試合を見て、分析してタックルした選手やシュートをした選手を映像にタグ付けしていました。

そうすることにより、テレビ局などの顧客があとから必要な映像を検索できるサービスの提供が始まったのです。

もっとも、そういったアーカイブのサービスが事業になるのかという半信半疑の部分がありました。そもそも発注元の会社のスタッフからして、「どうやって分析するのか？」という基本的な部分で、まだ試行錯誤しながら大学生に相談している印象でした。

そんな背景もあって、サッカーを普通の人より知っているだろう大学サッカー部にアルバイトの話がきたといういきさつだと思います。

マンションの一室に3人の大学生が集まり、映像をパソコンで取り込む技術者と編集方法から話し合って進めていました。検索機能を生かして「Jクラブに分析ツールとして売ってもいいかもしれない」という話も出ていました。

このアルバイトのおかげで、大学生の頃はリッチでした。報酬は1試合あたり1万円くらい。試合を分析してタグ付けするのにも慣れてくると、1試合を3時間くらいで終えられるようになります。1日で3試合くらい完成させれば日に3万円もらえるおいしいバイトでした。

アルバイトを通じて映像の編集に関する知識を得られたことは、のちのち役立ちました。現在の仕事で選手紹介の映像をつくるときに、当時の知識と経験を生かせたからです。また、一緒に働いていた仲間が放送局の一員として、いまサッカー中継に携わっていて、代理人となった私とスタジアムで再会することも多く、当時の縁が現在までつながっています。

大学時代には、現在もお付き合いさせてもらっている方とも出会っています。

現在日本サッカー協会S級ライセンスマスターチューターで、以前は湘南ベルマーレの監督を務めることになる浮嶋敏《びん》さんの指導を受けたのです。浮嶋さんは、日産自動車サッカー部（現在の横浜F・マリノス）の下部組織から富士通サッカー部（現在の川崎フロンターレ）に移ってプレーしていました。

1995年に引退すると富士通の社員になり、毎朝、地元の高校サッカー部の朝練習を半ばボランティアで指導していました。当時、私が、「なんでそんなことをするのですか？」と聞くと、

「子どもたちの目を見ていると、無限の未来を感じるんだ。君もやってみるといい」

と言われ、学生ながらに感動してあこがれたのをよく覚えています。

その浮嶋さんには、「いつか監督になるときは代理人を任せる」と言われましたが、実際、2019年に湘南の監督に就任するときに現実となりました。

「ドーハの悲劇」と就職活動

大学生までの遠藤が図らずも身を置いた環境は、のちのエージェントという職業に符合する。一般的ではない時代からパソコンに馴染み、アルバイトを通じて映像の編集技術をマスター。選手の良さを交渉相手に可視的に伝えるうえで重要な役割を果たす紹介ビデオを、普通の人に先んじてつくれるようになっていたのだ。

Jリーグ開幕の年、翌年のアメリカワールドカップを目指す日本代表はアジア地区最終予選まで勝ち進み、第4戦終了時点でグループ1位。ワールドカップ初出場に王手をかけていた。しかし、イラクとの最終戦で試合終了間際まで2－1とリードしながら、アディショナルタイムにコーナーキックから同点ゴールを喫する。結局、韓国に勝ち点で並ばれ、得失点差で劣った日本はグループ3位となって敗退した。

いわゆる「ドーハの悲劇」が起こったこの頃、バブル経済は完全に終焉《しゅうえん》を迎え、経済は悪化の一途をたどっていた。1991年の有効求人倍率は1・40（厚生労働省発表）。2・86倍だった大卒の求人倍率は、5年後に1・08まで低下する（リクルートワークス研究所）。就職氷河期の始まりだった。

大手企業の面接会場には、1000人くらいが集まっていました。

そんな大人数が1日に何回も入れ替えられて面接を受けます。あの光景を思い出すと、受験も就職も競争を強いられた世代だと実感します。

大手の面接にも行きましたが、当時の自分の態度を振り返ると「ずいぶんと横柄だったな」と思いますし、合格するわけがありません。

面接では、「この会社では自分で何かをつくりあげることができますか？」という「逆質問」を面接官に毎回ぶつけていました。自分は「企業に入って使われるのではなく、自分から何かをつくりだす仕事が面白い」と信じていたのです。

面接官からは、「新しいことって、そんなにできるものじゃないですよ」とたしなめられたものです。でも、「そんなつまらないところに行っても、たぶん続かないな」と思っていました。

不公平さを感じてもいました。年齢は3歳しか違わないのに、兄の世代は就職でもすごく優遇されていました。少し前は就職の内定をもらったらハワイに連れていってもらえるような時代だったのに、自分たちの年代はものすごい競争にさらされているのは、どうしたわけなのか……。

苦戦を強いられたあげく、ある商社に就職することになりました。自分のことをとても高く評価してくれたのが一因です。

「入社したらビッグカスタマー課で頑張ってほしい」と説明されました。新人が配属されることはあまりなく、役員と行動する法人営業の部署だといいます。役員と行動できるなら、学ぶことが多いだろうと考えて、入社を決めました。

企業のカテゴリーでいえば総合商社でしたが、国際舞台で華々しい業績をあげる会社ではまったくありませんでした。少なくとも私が経験した営業に国際色はありませんでしたし、ドブ板営業を求められました。

実際に経験した研修の一つに名刺集めがありました。2時間くらいの時間を与えられ、オフィス周辺で何枚の名刺を集められるかを競うのです。

社長や役員の名刺を持ち帰ると高く評価されます。平社員なら1点、社長なら50点だったか……。やってみるとわかりますが、簡単には集められません。

そんな毎日から、物を売る以前に名刺を集めることさえも簡単ではないと新入社員は悟ることになります。

もう一つはロールプレイングで、毎週1回、大阪の本社とオンラインでつないで自社の会長など、トップクラスの人たちがアポ取りをするシーンを演じるのを、新入社員は画面を通じて見せられたのです。

差を生み出すには人と同じことはしない

この研修の要点は「トップやキーマンをつかまえないと話は進まないし、物は売れない」「物を売るには会社と会社の結びつきや関係性を見抜け」ということでした。

名刺集めに苦労する同期が多い中、私はコツをつかんでうまくこなしていました。部長や課長以上、ときには社長や役員クラスの名刺を毎回30枚くらい集めてオフィスに戻り、「ありえない」と驚かれました。

当時は、オフィスそのものもオフィスビルもセキュリティーが甘かったので、会社の所在地さえ調べて行けば、ビルのエレベーターを使って勝手にフロアまで行けましたし、オフィスにもフリーで入れました。

オフィスに入ったら、もっとも偉い人が座っていそうな席に堂々と向かっていきました。そして、「いつもお世話になっております。ご挨拶だけさせてください」と言って何ごともなさげに名刺を出します。

するとたいてい、「うん？　誰だっけ？」という表情になるものの、相手は名刺を返してくれます。失礼があっては困るという心理が働くからです。

もっとも偉い人と名刺交換をしている姿を周囲に見せてつけてしまえば、こっちのもの。ほかの人の席に行っても、まったく不思議に思われることなく名刺を交換してくれました。

こうして学んだのは、トップから入っていくことの大切さでした。

勤めていた会社は、松下電器産業（現在のパナソニックホールディングス）やシャープの製品を多く扱い、パソコンやシステム、そして大型のコピー機を商材としていました。何百万円もする製品は、名刺を交換したくらいで売れるものではありません。

では、何が有効なのかといえば、取引する企業を研究して、松下ならば松下のやり方を熟知することが商機につながるのです。

松下がビルを建てることを新聞で知ったとします。

まず、自社の役員を通じてビルを担当する松下の役員などを紹介してもらい、そこからトイレはA社、エレベーターはB社の扱いだという情報を得ます。次に松下の役員に同行してA社、B社とのミーティングに顔を出して、相手の役員クラスと知り合いになります。そして、A社やB社にアプローチします。こうした手法でかなりの売り上げをマークしました。

どんな情報も疎かにしませんでした。当時、シャープが販売していたMDプレーヤーのCMに、売り出し中の男性ダンス&ボーカルグループが出ていました。

彼らの所属は、当時の売れっ子が所属していた大手事務所です。シャープの広報部長に私の上司からアポをとってもらって知り合いとなり、その広報部長から所属事務所の社長につなげてもらいました。商談はうまく進み、コピー機を入れてもらいました。1000万円くらいの売り上げだったと思います。所属事務所の人には「テレビのCMを見て営業に来た人間は初めて」と笑われました。

コピー機のセールスも工夫をしました。定価で100万円はくだらない新品のコピー機を値下げして買ってもらい、コピー1枚あたり8円かかるといわれるランニングコストで儲けようとするのが、常套《じょうとう》手段です。それに対して、保守やメンテナンス、日々のプリントで儲けるような仕組みを考えました。

平日は夜の10時くらいまでオフィスにいるのが当たり前でした。土日になると図書館にこもって『会社年鑑』や『紳士録』につぶさに目を通し、取引先の人間関係の情報、たとえば「役員同士が大学の同期」であることや、「あの人とこの人は出身地が同じ」といった事実を調べ上げていきました。

小さな予算しかもたない企業にアプローチするよりは、大きな予算をもつ企業をねらったほうが多く買ってもらえる可能性が高くなりますが、そういう企業にたどり着くためには、セールス先の会社の方向性や流れに人間関係も加味した情報分析が欠かせません。それはチームの置かれた状況を読み解くうえで、「チームとチーム、チームと人の関係性」を重視する現在の仕事にもつながっているといえるかもしれません。

就職して1年が過ぎた頃、営業成績はぶっちぎりのトップになっていました。でも、いきなり結果が出たことで「この仕事に意味があるのだろうか」と思ってしまったのです。

1年間、来る日も来る日も調査して結果を残してきた手ごたえはあったし、物を売ってお金を得ることの大変さは理解したつもりです。営業をする人間はときに、心から売りたいと思っていない物を売らなくてはならないということも学びました。

一方で、英語が得意という自負があったので、何かしら国際的な仕事をしたいという思いが強くなっていたのです。

売りたいと自分で心底思っていない物でさえしっかりと売ることができたのだから、好きなことだったらもっとできるだろうと思ったわけです。

サラリーマン生活である程度のお金を貯められたことも決断できた理由でしたが、やはりいちばんは、「やりたいことをやっているのかな」という疑問でした。

しかも、結果を残したといっても中小企業での話。父や兄に比べると、どうしても見劣りします。

自分の中には、やはり劣等感みたいなものがくすぶっていたのかもしれません。

第4章

英国での武者修行

異国の地で模索し続けた日々

世界最大の国際空港であるヒースロー空港とロンドン市内を結ぶ初めての鉄道、「ヒースローエクスプレス」が開通した頃。成田からの直行便のタラップを降りた長身の日本人が立ちつくしていた。

ステイ先のホストファミリーの家はロンドンの郊外。

タクシーに乗るほどの金銭的な余裕はないので、地下鉄で最寄りまでたどり着くしかない。どうにか駅に着き、そこからタクシーに乗ろうとしたが、その段になってタクシーの乗り方を知らないことに気づく。

「日本だったら手を上げて止めればいいのだけど……」

人に尋ねようにも、ヒースローに着いてからというもの、人々の会話がまるでわからない。英語であることしかわからない。空を見上げて、「こっちでも飛行機って飛ぶのかあ」と何の役にも立たないことを思ったりした。

第4章

英国での武者修行

何もわからない、何も知らない自分自身に遠藤は茫然としていた。
めったに太陽がのぞかない曇天の毎日に、自分の未来もけむった。

大学卒業後に勤めた会社を1年あまりで退社して、成田空港を飛び立ったのは、日本代表が史上初めて世界の舞台を踏んだフランスワールドカップの前年だったでしょうか。

「サッカーの仕事がどうしてもしたいからイギリスに行く」という気持ちではありませんでした。自分のアドバンテージは何かと考え、子どもの頃から英語を勉強していて、社会人で培った営業力も強みになるかなと思った程度です。

つてを頼って、語学留学というかたちでホームステイを始めました。

自分の見込みとはまったく違っていて、英語がまるでしゃべれませんでした。学科としては得意だったので文法は完璧だったと思うのですが、ネイティブの発音が聞き取れず、何を言っているのかがまるでわからない。

ホームステイをしてみたものの、友達なんてできるわけもありません。

そんな日々を過ごしているうちに偶然、ホストの家の裏にサッカーのグラウンドがあり、チームが練習しているのを発見したのです。

裏庭でリフティングの足技を披露していたら監督から声をかけられ、「一緒にやってみないか」と言われました。

しばらく練習に参加していたところ、目論見どおりに「トップチームの練習試合に出ないか」と誘われました。

選手として登録すらしていないのに練習試合でスタメンを言い渡され、周囲の選手が監督に文句を言うような事態になりましたが、それでも監督が、「こいつが見たいから」と言い返してくれたのです。

サッカーを通じてならネイティブと仲良くなれるというか、サッカーがうまいとリスペクトされる国だと感じました。

サッカーのコーチという職業も選択肢の一つになるかもしれないという考えは、最初からあるにはあったのですが、そのクラブでの出来事から、まずはサッカーに特化

第4章

英国での武者修行

した仕事を考えようという思いが芽生えました。

調べてみたら、私に声をかけてくれたのは200年くらいの歴史があって、レストラン、バーからビリヤード場まであるクラブハウスをもつ「クラウチエンド・ヴァンパイアズ」という、世界最古の歴史をもつFAカップでも優勝経験のある伝統のあるクラブだったのです。

なにしろ語学学校に入っても、まったくしゃべれなくて「エレメンタリー」というかなり低レベルからのスタートと判断されていたので、このサッカークラブと出会っていなければどうなっていたかわかりません。

その頃は、とにかく英語をマスターしないことには何も始まらないと必死でした。

午前中はグループレッスンを受け、午後は図書室にこもって暗記。夜は2対1か、個人のレッスンを受ける。半年くらいはそんな生活でした。

当時はお金がなくて、学校まで1時間くらいかけて歩いていっていました。

その間、NHKの『ラジオ英会話』を聞いていたので、やろうと思えば日本でも学べるじゃないか、と自分に突っ込んだりしたものです。

クラスの人たちは韓国人やポーランド人などでネイティブではないため、話してもあまり英語がうまくなりません。また、一人の先生が7、8人の生徒を見ていたので限界もありました。

個人レッスンや先生を教育する機関で無料の授業を受けながら、とにかく積極的に学ぼうとしましたが、もう前に進めない感じだったので、歴史のあるサッカークラブとのめぐり合わせに救われた感覚でした。半年後には、「プロフィシエンシー」というかなり高いレベルのクラスに上がれました。

ホストの家のそばに日本人が住んでいました。紹介されて訪ねていくと、現地で出ている日本語雑誌の編集をしている人でした。

現地にいる日本人向けのファッション誌だったのですが、その方から、インターンみたいなかたちで潜り込んでいるうちに仕事が増え、「自分がいなくなったら困るような状況」になって、初めて雇ってもらえているという体験談を聞かされました。

その話の意味するところは、「ビザを取得することの難しさ」です。

イギリスは「自国人の仕事を守る」という意識が強いので、自分のストロングをつ

第4章

英国での武者修行

くらなければいけないと思い、自分の場合はサッカーだなと意識しました。

それがなければ、2、3年で帰らなければなりません。とにかく仕事を見つけたいと思いました。

当時はクラウチエンド・ヴァンパイアズでも大風呂敷を広げていて、「ヨーロッパやイギリスと日本の間でサッカーの橋渡しができるような仕事に就きたくて、イギリスにサッカーの勉強に来た」というようなことを吹いていました。

すると、そんな若者がいるということを現地の新聞が取り上げてくれたのです。そのインタビュー記事を、音楽やスポーツを通じて文化交流をしている現地の音楽プロダクションの人が読んでいて、声をかけてくれました。

その会社にはスタジオもあり、日本のロックミュージシャンらがレコーディングに来ることもありました。

その会社に、日本人の子どもを対象にしたスクールがあり、そのサッカーチームで監督のアシスタントのようなことをボランティアとしてやらせてほしいと申し出たのです。

サッカー留学の本を出したのもその頃です。そして、お金を稼ぐために、日本のサッカー雑誌「ワールドサッカーダイジェスト」で記事を書くようになりました。

マイケル・オーウェンのインタビューにも行きました。スタジアムのど真ん中での単独インタビューに成功したのです。私はかなり大きい体格なので、相手にすれば怪しかったかもしれませんが、「断ったらちょっと怒りそう」と思ってくれたのでしょう。

フランク・ランパードがチェルシーに行ったときにも、クラブハウスの更衣室で単独インタビューをさせてもらいました。

当時、その会社が関わっていたサッカー・アカデミーの卒業生がアーセナルにたくさん加わっていました。その一人がアーセナルのレディースチームで監督とトップチームのマネージャーをしていたビック・エイカースで、彼にアーセナルを紹介してもらい、スクールにやって来る日本人や当時レディースにいた選手、そして、夏合宿に来る大学の女子チームの面倒を見るようになりました。

そのうち、アーセナルに稲本潤一が来て、通訳をその会社の社員がやることになり、ほかにも日本人の窓口というか手伝いが必要だろうということで、その会社に入りました。

川口能活との出会いが路を決める

2023年現在、ヨーロッパ各国のサッカーリーグでプレーする日本国籍選手の総数は80人を超える。

イングランド、スペイン、ドイツ、フランス、イタリアのいわゆる5大リーグのほかにも、所属クラブは10以上の国におよび、1部ばかりでなく、下部リーグで経験を積みながらステップアップをねらっている選手も多い。

25年前は、違った。1970年代、当時の西ドイツで活躍した奥寺康彦(元古河電工、1FCケルン、ベルダー・ブレーメンなどに在籍)がヨーロッパでプレーした日本人選手の嚆矢《こうし》だが、1993年に日本でJリーグが誕生して以降の最初の大きな海外移籍は、1994年にイタリア・セリエAで1シーズン、期限付きでプレーした三浦知良（カズ）の例である。

移籍先はイタリアでも古豪で知られるジェノアCFC。胸スポンサーには日本の音響メーカーのロゴが入り、その企業のねらいと同様でアジアを代表する先駆者としての挑戦だった。結果的にはUCサンプドリアとの「ジェノバダービー」での1ゴールに終わった。カズは一度帰国したあと、当時はあまり日本には馴染みのなかったクロアチアでもプレーした。

インパクトという点で図抜けていたのは、1998年にセリエAのACペルージャに移籍した中田英寿だろう。

当時ベルマーレ平塚に所属していた中田は、フランスワールドカップのあとにセリエAでは小クラブだったペルージャに移った。そして、開幕戦で強豪ユベントス相手にゴールを決める鮮烈なデビューを飾り、チームの

第4章

英国での武者修行

中心選手としてタクトを振った。

翌シーズンには、名門ＡＳローマに迎えられるという大きな飛躍を遂げる。この中田の移籍を契機に同じ日本代表の名波浩や中村俊輔らがイタリアに移籍し、２００２年日韓ワールドカップの前後には稲本潤一、戸田和幸らがプレミアリーグに挑戦した。

この世代で指折りのテクニシャンだった小野伸二は、オランダの名門フェイエノールトの門をたたいた。

Ｊリーグが発足して10年近く。中田が単身で切り開いたヨーロッパへの道は名波らワールドカップ初出場組、そして、中田と同世代の宮本恒靖ら日韓ワールドカップ組を刺激して、本場への挑戦の風が一気に吹いたのだ。日本のサッカー専門誌は「荒野の7人」という惹句《じゃっく》を使った。現在とは違ってまだ10人にも満たない数だが、それは間違いなく夜明けだった。

ただ、夜明けゆえの複雑さもあった。

カズの頃までは、はっきりと日本の企業の投資をあてこんだ移籍話であり、中田の獲得にもその側面がなかったとはいえない。

中田のプレーはそれを吹き飛ばし、同時に日本のファンの関心はヨーロッパに向いた。今度は、日本人選手の放映権が高く売れるのではないかという幻想が、ヨーロッパのクラブ経営者に広がったのだ。「誤解」や「思い込み」ではなく、そんなクラブオーナーが現実に存在した。

1996年のアトランタ五輪で、優勝候補のブラジルを下す歴史的勝利をあげた日本の立役者の一人で、日本を代表するGKである川口能活《よしかつ》が、イングランドへの移籍を決めたのは2001年10月のことである。

日韓ワールドカップの前年にあったFIFAコンフェデレーションズカップで日本は準優勝し、堅守の中心になった川口は大会最優秀GKにも選ばれ、翌年のワールドカップのメンバー入りも確実視された。

それまでGKがヨーロッパのクラブに移籍する例はなかったが、ワール

第４章

英国での武者修行

ドカップでの活躍をより現実的なものにするために、より高いレベルでのプレーを誰よりも川口自身が求めていた。

そこに、プレミアリーグの下部リーグであるＥＦＬチャンピオンシップ１部に属していたポーツマスＦＣからのレターが届く。

言葉の不安はある。しかし、伝説のゴードン・バンクスら名ＧＫを輩出し、総じてＧＫの位が高いイングランドへの移籍は願ったりかなったりだった。たとえ、それが２部であっても、だ。

当時、川口の移籍には日本のマネジメント会社に籍を置くエージェントがからんでいた。

契約期間は３年。移籍金は推定３億６０００万円とされた。

しかし、その金額の裏には、クラブの別な思惑があった。

ポーツマスのオーナーであるセルビア人の事業家ミラン・マンダリッチは、日本のスターＧＫの獲得によって、テレビ放映権やグッズの権利料などがとめどなく流れ込んでくるという幻想を、川口の背中に見ていたのである。

移籍後ほどなく喫した敗戦をきっかけに、それが幻想であると知った会長から川口はチームを去ることを勧められる。練習場所は2軍のグラウンド。いわば〝飼い殺し〟である。

渡英して4年目を迎えていた遠藤は、その頃に知り合いを通じて安い中古車を10万円で手に入れていた。その中古車が運命を変える。

当時のロンドンにやってきたのは選手だけではありません。円高のいい時代なので指導者が勉強に来たり、Jリーグ関係者がクラブの視察に来たりという時代でした。

サッカー協会の人を案内したり、JリーグのGM（ゼネラルマネージャー）講習会をサポートしたりしているうちに、日本にも人脈ができると同時に、ロンドンで何かと世話をしてくれる人という立場になっていました。

そんなとき、ロンドンの大学で社会学の博士課程にあってサッカーと地域の関わり方を研究するかたわらで、日本の通信社の通信員としてポーツマスを担当していた有元健さん（現在は国際基督教大学上級准教授）から、「車を出してくれないか」という連絡がきました。

当時、ポーツマスでほされていた川口能活を元気づけようと有元さんがロンドンの日本人学校でのサッカースクールに招待したのです。その送迎をしました。

子どもたち２００人を相手にしたサッカースクールのあと、みんなで食事に行きました。

一度、ポーツマスの試合に出かけていったことはありましたが、そのときには挨拶だけだったので、それが能活と本格的に話をした最初でした。

当時の会社での仕事は出版した留学本とともに、新設した指導者のためのコースの運営だったのですが、それが思いのほか好評で、参加者が数十人にもなっていました。

売り上げもまずまずあり、そのために会社は私にビザを取りたいと提案してくれました。

イギリスに渡った当初、知人から言われた「欠かせない人物になる」という第一歩になっていたのですが、会社の経営状態が盤石というわけではないことも察していました。

そんなときに能活に出会い、エージェントという職業が現実的になっていきました。

サッカー関係者のサポートやアテンドをしながら、選手の移籍の流れに日本のエージェンシーがついていけていないことを感じていました。

サッカー界のいろいろな仕事をするうちに、自分に求められているのはエージェントだとはっきりと悟るようになったのです。

努力している人間の正当な評価を引き出す

遠藤の住まいは、ロンドン北部のイーストフェンチリーにあったドラッグストアの上にある小さなアパートだった。

当時、この地区には、音楽系やスポーツ系の仕事に関わろうとする若者が数多く住んでいたという。

当時の遠藤を知る一人は、「物静かであまりしゃべらないが、強い意志を感じた。酒を飲んで騒いだりはしなかった」と話す。

川口能活との出会いは、より広い世界への入り口でもあった。そのためのパスポートであるエージェントの資格試験に、遠藤は自らの体中にあった全エネルギーを注ぎ込む。


イングランドサッカー協会によるエージェントの試験は、毎年300～400人が受けて1桁しか受からないような狭き門でした。

難関だと知っていましたが、英語力をこれ以上伸ばすための方法も見つからず、難関といわれる試験を受けたら英語の勉強になるかもしれないと考えたわけです。

資格を取得できたら儲けものです。同時に、能活らの状況を見ていて、「知識が必要」とも感じていました。

ただ、仕事をしながらだったので勉強は大変でした。

当時の社長にはバレていないと思いますが、夜7時か8時まで仕事をして、会社のシャワーを浴びて朝の5時まで勉強し、そこからみんなが出社する9時までちょっと寝るという生活です。

でも終盤は、この生活では合格できないと感じ、仕事の電話から逃れるために日本に戻って勉強することにしました。試験前の最後の1、2カ月は日本の図書館にこもって勉強につぐ勉強でした。

FIFAとイングランドサッカー協会のレギュレーション、そして商法や民法といった想定される領域を網羅するような勉強を心掛けました。

やっているうちに、「意外といけるんじゃないか」という感覚がだんだん湧いてきたのです。

2回受けたら1年間は受けられないというルールで、なかには7、8年かけて取得する人もいます。イタリアで取得した日本人は、7回も落ちたと聞きました。日本の司法試験くらいのレベルともいわれていた試験です。

ある意味、「人生、二度も三度もこんな勉強はできない、やれるところまでやってみよう」という覚悟でした。

完璧に頭に入れたという自負はありました。イギリス人に勝つためにはあやふやな知識ではダメなので、それこそ規約の何条に何が書かれているというレベルまで記憶しました。

いまでは忘れている点もあるでしょうが、当時は誰よりも頭に入っていたと思います。自分で問題をつくり、何度も何度も繰り返しました。ひたすらに繰り返して覚えるというのは受験勉強で学んだ手法です。

書類審査もありました。留学だけでは取得資格は得られず、社会経験がなければ通過できません。

私の場合、アーセナルで仕事をしていてサッカーに携わっていたことが評価されたのだと思います。試験の難しさも関係するのでしょうが、イギリスでは元選手というのは意外と少ないのです。オックスフォード大学卒といったような高学歴の人が合格していました。

2004年、33歳でエージェント資格を取得できました。

本場イングランドの難関を突破した初めての日本人ということでした。

難関の試験ではありますが、ライセンスを取った翌日から仕事がくるわけではないのです。でも、「エージェントとしての仕事」はとっくに始まっていました。

資格はまだありませんでしたが、能活をポーツマスの境遇からデンマークという新天地に導き、資格取得後にジュビロ磐田に良い条件での帰国を実現させたところまでは、エージェントとしての実地研修を経験していたといえるかもしれません。

実際、資格取得の前、能活がポーツマスを出る際の会長マンダリッチとのやりとりはタフでした。

移籍2年目の8月、つまり能活が楢崎正剛にポジションを譲った日韓ワールドカップのあと、クラブの追い出し工作は露骨になっていました。

日本の人気クラブから移籍金を払う準備があるという連絡がポーツマスに入ってお

り、あとは能活の気持ち一つだとこちらに迫ってきていたのです。

しかし、本人はできればポーツマスで雪辱を果たしたいという気持ちで、でなければそれまでの数年間を無駄にしないためにも、イングランドのほかのクラブに移籍したいという希望をもっていました。移籍ビジネスの犠牲になって日本に帰国するように見られることだけは避けたかったのです。

孤独は限界まで達していて、どんな仕打ちにも心が傷つくほど、感情がもろくなっていました。

能活の話し相手になれるのは、自分と有元さん以外にいませんでした。プライベートな話や愚痴を聞くようになって距離は縮まり、正式にマネジメントを依頼されました。

そこからはとにかく動けるところに動きました。

正式な契約があるにもかかわらず、ユースチームの練習に参加させるという不当行為を選手会に訴え、さらに、人種差別を扱う団体にも相談しました。

移籍当初から住んでいたフラットから引っ越しをさせ、気分をリフレッシュしてもらいました。クラブからの露骨な嫌がらせは影を潜め、当面はサッカーに再び集中できるようになりました。日本代表の指揮を執るジーコの下で、代表チームにも復帰できました。

その年、2003年の夏の移籍市場が、契約最終年を迎えるポーツマスにとっては能活の獲得で使ったお金を取り戻す最後のチャンスで、私にとってもいかに売り抜けるかという、のるかそるかの勝負どころでした。

マンダリッチが能活の移籍に設定した移籍金は5億円。

「川口がくれば多額の副収入があるという約束はどうしたのだ」

と、会長は壊れたテープレコーダーのように繰り返し、能活を責めるような発言もありました。ポーツマスのホテルに呼び出された際には怒りを露わにして脅すような発言もありましたが、私も目を背けずににらみ合いながら会長に問いただしました。

「能活が会長の言うような悪い人間だと本当に思っているのか？」

それに対して、「ノー」とだけ返答がありました。

会長も能活の練習に取り組む姿勢や誠実な振る舞いを評価しているが、ただビジネスに徹しているだけなのでした。その返答がそう感じさせた瞬間でした。しかし、私にとってはこの夏の移籍を逃すことは負けに等しかったのです。

翌年1月の市場を待つこともできますが、あと半年経てばフリーになる選手に数億円のお金を払うクラブがあるとは思えません。能活にはこう言いました。

「つらいかもしれないが、ポーツマスの現状には満足しているという顔をしていてほしい」

クラブの冷遇を逆手にとり、「決して川口能活が自分でクラブを出たいわけではない」という印象操作をすることで、ポーツマスには契約切れで移籍金が発生しない状態での放出になるよりは、少しでも移籍金を発生させて回収したいと考えて移籍金を下げてもらうことが肝心だったからです。

でなければ、川口の価値を高く評価し、相応の移籍金を出す用意がある日本のクラブ以外の道は閉ざされてしまいます。

その間、あらゆるツテを使って獲得の可能性があるクラブの担当者にビデオを見てもらいました。移籍金はポーツマスのいう金額の10分の1程度になると申し添えています。いずれにしろ、5億円はありえません。

仮に日本に戻るにしても、その額は後のキャリアに枷になります。出しても300
0万円程度、という計算でした。

1年経てば「タダ」で出さざるをえないとなれば、ポーツマスが態度を軟化する可能性は十分にあると踏んでいたからです。

デッドラインまであと10日の8月22日午後、すでに22時を回ったなかでポーツマスから連絡がありました。

「宿泊しているマンチェスターのホテルまで来たら、会って話を聞いてやる」

私がロンドンにいることをわかったうえで、マンダリッチ会長は無茶な提案をしてきました。ロンドンからマンチェスターまでは、車で片道4時間はかかります。到着は日をまたいだ深夜2時過ぎになりそうでしたが、状況を打開するためにはその言葉を信じるしかありませんでした。

一か八か、その場での合意に取りつけられるように知人の弁護士にも同行を依頼して、マンチェスターまで車を飛ばしました。

デンマークのあるクラブが能活に関心をもっており、移籍金の額についてその晩中にマンダリッチの合意を得る必要があったのです。

深夜2時過ぎにホテルに着きましたが、「もう遅いので、会長とは会えない」と嫌がらせのように言われました。しかし、深夜に駆けつけた熱意に打たれた財務の担当者が、交渉の窓口となってくれて会長への伝達役を買って出てくれました。その後、何度かやりとりがあった末、マンダリッチ会長は、ついに首を縦に振りました。

疲れ果てた担当者は、「やれやれ」という顔で握手さえ求めてきました。粘り勝ちでした。

代表クラスのGKを探していたデンマークのFCノアシェランで出場機会を得たおかげで、日本代表には選出されました。2004年のアジアカップでは、準々決勝のヨルダン戦で神懸かったPKストップで勝利の立役者となり、大会連覇に貢献しました。

一方でノアシェランではポジションを勝ち取ることができずドイツワールドカップを目指すためにはクラブでの出場機会を増やす必要がありました。

それと同時に、できるだけ本人に好条件で日本に戻る方法を考えました。すでにベテランの域になっていますし、移籍金の設定が高いままだと本人が不利益を被る可能性があります。

ノアシェランの会長もなかなか強者でした。

「ノアシェランで試合に使わないのであれば、デンマークでの市場価値を考慮して移籍金は500万円程度が妥当でしょう」

と会長に告げ、できる限り違約金を低く設定することにより、日本での本人の年俸は国内トップクラスを譲りませんでした。それも複数年での契約です。それが川口能活というプレーヤーの価値であり、苦しんできた数年間の対価でもあると思ったからです。

このときもウインドウが閉まるぎりぎりでした。なかなか会長が「うん」と言ってくれないまま、日が暮れていきました。北欧のきれいな湖を見ながら、

「ああ、だめなのか」

そう悄然《しょうぜん》としていたところで、強化部長が色良い返事を電話でくれたのです。す

ぐに書類を取りにいって、ホテルからファックスしました。

あのときの湖の景色は忘れません。

ある意味マフィアのような大物と、一歩も引かずに渡り合えたのは、なぜだったのか。

日本のスター選手がひどい扱いをされて苦しんでいる。そこで私ができることは何か。何とか助けないといけない。資格云々ではなく、エージェントとしての覚悟と責任感が生まれたのは、間違いなくこの川口能活との経験だったと思っています。

SANFRECCE
WE FIGHT
TOGETHER
2017
NEC
商船三井
youme
mazda
JA共済
マイナビ
中国放送
FRESTA
Prova
NEC
youme

第**5**章

代理人の流儀

交渉場所にはあえて早く行かない

品川駅の朝は早い。

遠藤貴が短い睡眠のためにベッドに入る4時半にJR山手線の内回りの始発が発車し、その数分後には東海道線の熱海行きが動き出す。午前6時には、東海道新幹線のぞみ号の始発が博多に向けて出る。

首都の表玄関である東京駅よりも早く動き出し、深夜まで約25万人もの人が乗降する。東京都内では新宿、池袋、渋谷に次いで多くの人が行き交う大型ターミナル駅だ。

駅周辺も近年、にぎやかさを増している。駅西側の高輪口はプリンスホテルなどの大規模なシティホテルが並び立ち、その奥に高級住宅街が広がっているのに対し、駅東側の港南口は、戦前からの埋立地に企業の工場や倉庫などが立ち並んでいた。夜になれば薄暗く、女性の一人歩きもはばかられるほどだった。

1998年に貨物ターミナルの跡地に複合商業施設「品川インターシティ」ができて様相は一変する。2003年に新幹線の品川駅が開業すると再開発により大規模なオフィスビルやタワーマンションが林立。京急線で羽田空港に乗り換えなしでアクセスできることもあり、港南口を中心に企業の本社などが増えている。リニア中央新幹線の首都圏側の始発駅になることも決まっている。

遠藤とヨーロッパ組や海外クラブ所属選手、監督らの交渉と話し合いは、この品川エリアを中心にさまざまなかたちで行われる。オフィスでの場合もあるが、トップシークレットの内容をふくむミーティングについては、社員もふくめ他人の耳目がない場所で行われる場合も多い。

品川駅近くの駐車場や羽田空港に近い場所に停めた車の中。遠藤は現在、ベンツ・マルコポーロなど2台の車を所有しているが、座席が回転して即席の会議室になるタイプだ。窓ガラスにはスモークが貼られている。

遠藤がこの品川の地に「ユニバーサルスポーツジャパン」（ＵＳＪ）を興したのは、２００５年３月。新幹線が品川に停車することになって２年後のことだ。

品川での１日は、Ｊリーグのクラブ関係者からの電話で始まる。

電話の合間にメールをチェックして、次の電話がかかるまでの合間に返信。ランチをとる暇もなく、ヨーロッパの朝が明けてまた電話、メールによる情報交換——。

エージェントの仕事と聞いて、世間一般がイメージする像はどんなものだろうか。契約交渉に同席して選手の権益を守ろうと、いっさいの笑みも見せずクラブとシビアな交渉をする冷徹な仕事人。厳しい資格試験をクリアしてきただけに法律にも明るく、契約書を細部にわたるまでチェックして少しでも有利な条件を引き出す。さもなければ、企業をゆさぶる株主総会の総会屋のようなイメージだろうか。

少なくとも遠藤については、そのいずれも当たらない。180センチメートル台後半の長身だが威圧的ではなく、口数も多くはない。理知的というほどの冷たさはなく、本人は「決してソーシャブル（社交的）ではない」というが、無愛想とも違う。少なくとも交渉の席で丁々発止、相手をやりこめるタイプではない。

武器といえるのは、厳しい体育会育ちで植えつけられた精神力と反骨心、さらに手は出さないが曲がった相手とは徹底的にやり合う胆力をのぞかせる目力だ。


交渉のときに気をつけていることは、いくつかあります。

服装は堅くなりすぎないように。ヨーロッパでは交渉の席でもカジュアルで、ネクタイをすることはほぼありません。それに合わせて服装は選ぶようにしています。

リバプールFCとの交渉時もそうでしたが、Tシャツにジャケット。初対面の方と会うときには国内外問わずに茶かグレー系のやわらかい印象を与える服装を心がけています。逆に相手に威圧感を与えないように、黒い服装は避けています。

表情は基本ソフトにして、誠実に仕事をしていることを理解してもらうことを心がけています。

交渉の席でははっきりとものを言わなければならないことは多々あります。少し強い態度に出た場合は「何かあるのではないか」「よほどのことなのだな」と思ってもらえるようにするためです。

ただ、目をあえてそらすことは、よくあります。

交渉の場が固まったときや沈黙が流れたとき、相手に「この人は何を考えているのだろう」と思ってもらうために、わざと「何を考えているかわからない」と思わせるのです。

何を話しても話が進まないときがあります。そんなとき、無音で目を見ない時間が流れると相手は「おや」と思う。つまり、相手になんとかしたい、打開策を考えなければという状況にもっていくのが大事です。こちらがべらべらしゃべりすぎるといい条件が引き出せないことがあります。

握手は相手が会長であっても友人とするようにして、交渉の最初のほうはできるだけ雑談をするようにしています。

交渉はお互いに守るべきものを守るためにするわけで、お互いに正義があるし、譲れない局面はあります。それはしかたがないこと。

だからこそ、これから話すことはどうしても対立してしまうけれど、決して悪い人間ではないと思ってもらうことは気を付けています。喧嘩をするために交渉をするわけではないし、次に会うこともあります。人間関係を壊すことがあってはありません。

日本人は時間に厳格ですが、ヨーロッパでは少し遅れるのが当たり前。こちらが変に下手に出たくはないので、時間ちょうど、場合によってはあえて遅れて交渉場所に着くこともあります。対等に話をするのが大事なポイントだと思っているからです。

交渉の仕事は相手との駆け引きにおいて「生き物」ですが、その場でよりものをいうのは事前に仕入れていた情報なのです。つまり移籍の交渉に入る前に、仕事はほとんど終わっているということです。

サッカー選手も生まれながらの才能だけでなく、キャリアと場数を重ねたことによる経験がものをいう仕事ですが、エージェントにも同じことがいえるかもしれません。エージェントの仕事は、遠藤航や伊藤洋輝の例でもお伝えしたように、ある選手がより良いクラブにステップアップしていくための動きを用意することが主眼になります。当たり前ですが、選手が同じチームでただ一定のレベルのプレーをして、年俸を上げていくことは難しい。条件をよくするには、「競争」をつくりだしていくことが重要です。

つまり、「ほかのチームに出ていかれるかもしれない」という危機感をクラブにもってもらえなければ、選手にとって有利な交渉はできません。

相手の出方を予測し、考えられる道筋によって自分の手持ちの情報をあてはめ、いくつかの選択肢から解決策を見出していきます。少なくとも、それは「テーブルの上の仕事」ではありません。

言い換えれば、いかに人と知り合い、コネクションがあるか、それによる情報がどれくらい手元にあるか、その勝負といえるのです。

世界に通用するエージェント会社を目指して

社名は、ヨーロッパで公開されるエージェント会社のリストに載るときに、世界的で「日本に強い」という要素をあわせもった名前がいいだろう、という思いがありました。それで結果的にＵＳＪになったのです。

品川に居を構えたのは、ターミナル駅で交通の要衝だからです。

新幹線が止まるし、西日本への起点になります。インターナショナルエアポートまで車でも京急でもすぐに行け、モノレールもある。現在のオフィスの最寄り駅は品川ですが、高輪ゲートウェイ駅へも徒歩ルートができることになっています。とにかく動きやすく、お客さんも訪ねてきやすい。

それもあってか、電話やメールだけでなくて、各クラブの強化担当者からのアポイントメントは多いです。コロナ禍でＺｏｏｍでのミーティングも増えましたが、多い日には面会のために順番待ちしてもらうこともあります。

日本人選手の場合は、契約した選手をいかに国内外のクラブやチームに売り込むかが仕事になりますが、逆に各クラブからは、「こんな外国人選手を補強したい」という相談も多くきます。

私個人の積み重ねてきたネットワークと人脈で海外に強いという定評があり、相談してもらえれば獲得までをワンストップでやります、というのが私たちの会社のポリシーです。

最近では、ガンバ大阪のネタ・ラヴィとかサンフレッチェ広島のナッシム・ベン・カリファなどの例があります。すべての業務を私一人でやることはできないので、マネジャーもふくむ社員スタッフ14人が動いています。

基本的に日本のクラブが選手を補強する場合、語学の問題で相手クラブと円滑に交渉することが難しいのです。年俸や違約金などの単なる金銭的なことにとどまらず、オプションやボーナスなどの設定が複雑だし、国や地域によって習慣も違います。

その国のエージェントとつながることができれば世話はありませんが、言葉や習慣の問題を考えると、日本人に頼んだほうが進めやすいといえます。

私たちはヨーロッパを中心に、クラブ関係者、現地エージェント、弁護士はもちろん、場合によっては選手とSNSでコミュニケーションをとることもできます。

交渉にはいろいろなやり方があります。基本的なルールとして、移籍交渉はクラブとの話が基本で選手本人とのやりとりはご法度になります。

黒船代理人と呼ばれて

いまではヨーロッパへの移籍が当たり前になり、3桁に近い日本人が各国に散らばってボールを追いかけています。

私がエージェントになってからの20年間で、日本人選手の市場での評価は大きく変わってきました。いま日本サッカー界ではシーズン移行の話題が再燃していますが、仮にシーズンがヨーロッパと同じ秋春制になれば日本人選手の移籍はさらに進むと思います。

エージェントとしても、ヨーロッパと日本のシーズンのずれで生じるJリーグ期間中での海外移籍は心苦しいし、できればやりたくない思いもあります。

逆もまたしかりで、日本に来る選手もシーズンが合致していれば、最初からチームに入りやすい。

もちろん、日本は寒冷地での試合開催の問題もあり、その難しさも理解はしていますが、一般論でいえば日本人選手の市場での評価は相対的に上がると思います。

ただ一方で、日本は、移籍金ビジネスに対する意識が未成熟である印象も受けます。日本は移籍金でビジネスを仕掛ける意識が低い。今回のシュツットガルトの例もそうでしたが、ヨーロッパでは移籍金を見越して予算組みをします。

たとえばこの選手を出せばいくらくらい、あの選手を出せばこれくらいになる、という計算をしたうえで戦力補強を考えています。でも、日本のクラブの強化担当者に自分がくびにならないことにしか意識が働かないので、できるだけ戦力を落とさないように選手を引きとめようとします。そこには移籍金でビジネスをするという発想が欠けています。

日本サッカーのビジネスという見地でいえば、そうした意識が進歩をとめているという側面があるかとは思います。

そのせいというわけではありませんが、日本のプロ、すなわちＪリーグを経験せずに最初から「フリー」の立場で海外に渡る例も増えてきています。

彼らは子どものころからＪリーグ以上に海外にあこがれを募らせて育っています。昔とは比べられないくらい映像を通した情報が入ってくる時代になり、必然と言えるのかもしれません。

そうしたトレンドは、ボスマン判決の影響を受けた２０１０年、ＦＩＦＡの国際移籍にともなう連帯貢献金と、23歳以下の選手の移籍で発生するトレーニング費用についての規定が、日本でも適用されたことで本格化しました。

前者は、移籍金の５％が当該選手の23歳以下、18歳以下、15歳以下の所属チームに分けて支払われるもので、国内移籍には適用されません。

後者は、23歳以下の選手に関しては国内外の移籍で発生し、たとえば、日本国内の高校を卒業した選手がそのままヨーロッパのトップクラスのクラブに移籍した場合には、最大で3000万円ほどが高校に入る仕組みです。

私はエージェントになってから、日本のプロを飛び越して海外に移籍する事例を手がけてきて、日本の新聞に「黒船代理人」と紹介されたこともあります。

大分トリニータに所属していた梅崎司に続き、愛知県の中京大学附属中京高校時代に注目された伊藤翔をフランスのグルノーブル・フット38に送り込んだときでした。伊藤はJリーグの所属を経ずに海外でプロ選手になった最初の例として、メディアにも大きく取り上げられたものです。

引いてはいけないところは絶対に引かない

2007年に新聞が見出しにした「黒船」とは、鎖国時代の日本に開国を迫ったマシュー・ペリーの来航を指す。本場イギリスで学んで資格を取った代理人が、日本に揺さぶりをかけてきているという記事だ。

個々の選手の成否はともかく、遠藤が移籍という点での「開国」をうながした一人であることは間違いない。そのベースにあるのはいうまでもなく、ロンドン時代の人脈とノウハウである。

日本での教育を終えたあとに海外に直接渡った事例の最新版は、現在シュツットガルトのセカンドチームでプレーするチェイス・アンリだ。

遠藤が伊藤洋輝に続いてシュツットガルトに送り込んだアンリは、アメリカ人の父親をもつ、２００４年生まれの19歳。20歳以下のワールドカップに出場したばかりか、森保一監督からその潜在能力を評価されて、尚志高校（福島）在学中の２０２２年1月には、日本代表キャンプのサポートメンバーとしてチームに帯同したこともある。

同年6月には21歳以下の日本代表にも〝飛び級〟で選出。23歳以下のチームが参加した国際大会ドバイカップ制覇に貢献した。

２０２４年のパリ五輪を目指すU－23日本代表の主力として期待される逸材であり、五輪での活躍しだいでは、２０２６年のワールドカップに臨む代表メンバーに入っていても不思議ではない。

もともと海外志向が強かった。高校卒業を控え、国際移籍が可能となる18歳の誕生日を迎えたあと、遠藤はアンリのシュツットガルト移籍を決める。秋波を送ってきていたオランダなどいくつかのクラブから遠藤が選んだのは、最初は伊藤も在籍していた地域リーグ所属のシュツットガルトの23歳以下のチームだった。中学からサッカーを始めたという原石を磨くのは、何よりも試合経験だと判断したからだ。

それから1年、遠藤がアンリのもとを訪ねたのは、２０２３年４月のこと。前年秋から、アンリは出場機会をほぼ失っていた。本人のキャリアにとって重要なポイントになる20歳以下のワールドカップが迫っていた。

第5章

代理人の流儀

高校選手権の優秀選手で組んだチームがデュッセルドルフの国際大会に参加することもあって、ドイツに足を運びました。

高校選抜の監督は、アンリがいた尚志高校の仲村浩二監督でした。実はそれも計算に入っていたのです。

アンリはフィジカルに優れている反面、負傷も多く、移籍して半年後の秋には相手選手との接触で肺に穴が開くほどの負傷をし、それをきっかけに出場機会が大幅に減っていました。

しかし、とっくにケガが治っているはずなのに、いつまで経っても試合では使われない。電話やメールなどでは連絡を取っていましたが、チーム事情がどうにも解せないのです。

20歳以下ワールドカップのメンバー発表も迫っていたので、ドイツに飛びました。

その話をするとき、前途したアンリ本人の育ての親である仲村監督にも同席してもらい、どういう事情なのかをスポーツディレクターに確認する前に、監督に直談判しようと声をかけました。

しかし、忙しいという理由で「アシスタントコーチと話してくれ」と言われました。内心、「逃げたな」と感じはしましたが、仕方がないのでアシスタントコーチとクラブハウス内のカフェで話すことになりました。その後、コーチと話したのですが、「ミスが多い」と言います。

彼がプレーする公式戦に関しては映像をすべてオンラインライブで見ていたので、ミスが多いといってもそれを理由にベンチスタートや完全に試合に使わなくなるほどのミスではなかったし、おかしいと思っていました。

若い選手を萎縮させてしまうだけでは成長にはつながりません。むしろ、逆効果だと感じました。

「選手に対して声をかけるなどのフォローはしているのか?」

そうアシスタントコーチに聞いたところ、

「うちの監督にはそんな余裕はない」

監督批判ともとれるような、無責任にも感じる発言を口にしたため、「ちょっと待ってくれ」とかなり強い口調で言いました。

「若いのだから当然ミスもある。でも、そこを乗り越えるために使ってもらわないと自信にならないではないか。そのための下のリーグではないのか」

と。こんなに使われないのであれば、移籍させる。そこまで踏み込みました。

「経験を積むためのリーグであることは確かだ。でも、ほかにもいい選手はたくさんいる。ある意味でまだ修行中なのだから待ってくれ」

とらちが明かない。アンリは髪の毛はアフロだし、体も大きいので大の大人に見えますが、実際はまだ子どもですから、さみしがり屋です。

「まだ高校を出たばかりの子どもなのだから、もう少しいろいろ気にかけて話しかけてあげてくれないか」

そう頼みました。もっとアテンションと愛情を注いでくれないか、と。

そんな押し問答が続くので、今度はスポーツディレクターとアポを取りました。

「試合に使われないのは、本人も若いしチーム事情があるから仕方がない。でも、愛情を注いでくれないというのは納得できません」

とはっきり言いました。実際にスペインのチームなど、アンリに関心をもってくれているクラブは複数あります。

「もしも、本当に愛情をもって育てるつもりがない監督だとしたら、もう移籍させるしかないですね」

そこまで言うと、監督に話をさせるから、もう一度来てくれといわれました。

翌日、面会した監督はアンリのプレー面の課題を映像交えて説明しました。

「それはわかった。でも、我慢して使うことも必要なのじゃないか。彼は中学からサッカーを始めていて、試合経験が少ない。それに、愛情を注ぐ時間がないというのはどういうことですか」

そう言うと、監督は、

「ミスをして使わないのは、そうした状況で奮起させるためだ」

と言ったのです。私はこう続けました。

「国際大会で優勝した監督さんも、『愛情をもって接してきた教え子にそんな育て方をしているのか』と心配していて、『やっぱり、いまは試合に出すべきだ』と言っています。日本の地方で寮生活を送っていた高校生が、いくら英語ができるからといって、いきなり異国に放り込まれて心細くないわけがない。どうして愛情を注いでくれないのですか」

前日のアシスタントコーチとの押し問答もふまえて強い口調で問うと、

「見た目もしっかりしているし英語もネイティブ並み。すっかり大人だと思って接してしまい気遣いが足りなかった」

と監督は、最後には謝りました。

すると、翌日の試合から、アンリは試合に出るようになりました。それが、分岐点となり、今日の活躍につながっていると思っています。

プレミアリーグに送り込んだ例でいえば、大型ＦＷとして10代から注目された木下康介もいます。１９０センチメートルの長身で、横浜ＦＣユース時代から海外志向が強い選手でした。

進路を検討していた高校3年生の夏休みに本人の意向を受けて、名門のマンチェスター・シティＦＣにセレクションを依頼するレターを出しました。

当時、ウェストハムでスカウトを担当していたイタリア人で私の友人であるクリスチャン・ラタンチオ（現・シャーロットFC監督）がマンチェスター・シティにアシスタントとして招聘されていた関係性から得られた機会でした。

すると、ロベルト・マンチーニ監督直筆の招待状が届いたのです。

渡航費と滞在費を全額クラブが負担するという条件つきでした。イタリア代表のマリオ・バロテッリやウルグアイ代表のルイス・スアレスらに交じって参加した2週間のトレーニングを経て、正式なオファーが出ました。

練習参加の報を地元の記者に伝えていたこともあって、康介へのシティの関心ぶりは日本でも大きく報じられました。

もちろんシティの話は価値が大きかったのですが、より確実な出場機会を得るためには他国でのプレーが現実的だという判断もしました。そこで浦和レッズ監督時代に仲が良かったフォルカー・フィンケさんに頼んで、彼の古巣であるドイツのSCフライブルクに打診をしました。

やはり、あのマンチェスター・シティに認められたというお墨付きは大きく、練習に参加してすぐに移籍が決まりました。

結局、負傷もあってフライブルクではトップに上がれずに各クラブを転々としましたが、どの移籍もエージェントの存在なしではありえないものでした。

その後、日本に帰国し、浦和レッズや水戸ホーリーホックなどを経て、現在は京都サンガでプレーしています。

東京出身なので、地元に帰ってくるときには品川駅で降りてよく相談にくる選手の一人です。試合になると熱くなり、スタッフとぶつかるようなことも多々ありました。康介にも、「あのときはもったいなかったな」とよく話します。

康介は海外を出発点にして、国内で居場所を見つけています。

もちろん海外への再挑戦も視野にありますが、国内での人脈を生かして、選手を育てていくこともエージェントの大きな仕事であり、やりがいの種でもあるということです。

むしろJ1からJ3までプロクラブが60チームにまで広がったいまの日本サッカー界では、康介のように若い頃から強い海外志向をもつ選手の受け皿をつくるとともに、多くの選手を、国内でいかにキャリアをアップさせていくかに腐心することのほうが多いといえるかもしれません。

選手の話を聞いてともにキャリアをつくる

遠藤が手がけた各選手のキャリアと個性を見渡すと、多士済々だ。国際キャリアを積みながら、現在は日本国内を舞台にボールを追いかける選手たちも多いが、彼らは挫折と失敗という紆余曲折を経ながら、それぞれのキャリアに向き合っている。

ベルギーリーグで活躍した鈴木優磨は、いまは古巣の鹿島アントラーズで国内タイトル奪取に向けて集中しています。私がいうまでもなく、物怖じしないメンタルや、南米の選手のような狡猾さをもち、屈強さを生かしたポストプレー、冷静なフィニッ

シュ、空中戦の強さ、味方へのスペースメイクなど、どれをとってもハイレベルで、試合の状況を見て最適なプレーを選択できるインテリジェンスのある選手です。

　個性が強いあまり、ときにネガティブなニュースになることも多いのですが、家族思いの一面もあります。両親が地元の千葉県銚子市から鹿島まで観戦に来るのが大変だからと、茨城県鹿嶋市内に一軒家を建てました。選手寮に住んでいるときにも、その家で両親ととる食事を楽しみに、励みにしていました。

　目上のひとと接するときも、礼儀正しい一面もありますし、小学校訪問を定期的に行うなどと世間の持つイメージと大きく異なるというのが正直な感想です。

　同じく日本代表に招集歴のあるストライカーの鈴木武蔵は、逆に「海外再挑戦」をねらっています。もともと身体能力が高く、最大の武器はスピード。また90分の走行距離は平均して11〜12キロメートルで、スプリント回数は20〜30回、運動量が多く守備面での貢献が大きいのが特徴です。

　武蔵の特徴は人種差別に関するSNSの投稿などに対する向き合い方にもあって、人種だけでなく性別や児童の待遇など、顕在化する社会問題に対して真摯に向き合っています。その成果もあり、2022年のスポーツ界の社会貢献者賞である「HEROs AWARD」を受賞しました。

また武蔵はファッションにとても強い興味をもっていたので、ファッションプロデューサーの干場《ほしば》義雅さんを紹介して、彼の相談に乗ってもらっています。

私とは学生時代から30年以上の友人である干場さんは、男性ファッション誌の創刊に携わるなど男性ファッション業界には欠かせない存在です。そうした自分自身の人脈を、選手たちのキャリアのプラスになるように、他業界のひとたちとも積極的に意見交換する場を設けるようにしています。

キャリアについての考え方は選手それぞれで、選手の数だけキャリアがあるといえます。エージェントの原点は、まず選手個人のキャリアの希望を知ることです。

たとえば日本代表経験もあり、大分トリニータから世界へ挑戦をした梅崎司の現在の目標は、「大分をJ2からJ1の舞台へ上げる」ことです。彼のキャリアを語るうえでどうしても外せないのは負傷です。

一度目は椎間板ヘルニアの手術から復帰間もない2009年11月、練習中に右膝の前十字靭帯《じんたい》を損傷。翌年の夏には実践復帰を果たしましたが、練習試合で右膝半月板を損傷。右膝に起きた二度の負傷は、大きなダメージとなりました。

それでも２０１２年には33試合7得点を記録するなど、完全復活を印象付ける活躍を見せました。しかし、２０１６年8月には試合中に左膝前十字靭帯を損傷。左膝にもメスを入れることとなりました。

翌年7月には復帰を果たし、ＡＦＣチャンピオンズリーグ優勝の瞬間をピッチで味わい、そのシーズン限りで浦和を離れ、湘南に移籍。２０２０年6月には左膝内側半月板を損傷して手術を受けました。２０２１年7月に古巣の大分へ復帰すると、２０２２年6月に行われた天皇杯で復帰後に初ゴールをマーク。何度でも立ち上がる彼の姿は、多くの人々に勇気を与えています。

そうした経験から育まれた人間性も高く、あの曺貴裁《チョウキジェ》監督が獲得の際の面談でもらい泣きをしたほどです。

ちなみに梅崎とは彼が19歳からの家族ぐるみの付き合いで、弟さんの進路の相談を受けるほどの間柄です。

一つのクラブで残りのサッカー人生を終えたいと希望する選手もいます。湘南ベルマーレで2020年から2年間キャプテンを務めた岡本拓也です。2018年には個人の活動として「女性のがん検診啓発ブース」を出したり、児童支援の活動をしたりと各種運動に積極的に関わっています。

荒野拓馬もユース時代から北海道コンサドーレ札幌一筋で、コロナ禍で苦しんでいる北海道の生産者さんを助けるための活動をするなど、積極的に地元北海道を盛り上げる活動をしています。

誰もが認める「理想の第2GK」が、川浪吾郎です。この10年で柏レイソルを皮切りに岐阜、徳島、新潟、仙台と渡り歩き、現在はサンフレッチェ広島に在籍。どのクラブでも、チームを活気づけています。

2022年の天皇杯決勝のPK戦直前には、監督を差し置いてチームに檄を飛ばしたのに、みんなが苦笑いして許すなど、ムードメーカーの一面ももっています。どのチームでも第1GKとしてポジションをつかむことはないままきていますが、求められるクラブがあれば行くというのが、本人と話し合っているスタンスです。

10代の頃、将来の日本の大型ストライカーとして嘱望された指宿《いぶすき》洋史とも契約しています。

もともと195センチメートルの長身に似合わない繊細なボールタッチが売りで、迫力というよりはコントロールシュートが際立っていました。

母、姉ともに東京大学出身で、指宿本人は高校卒業前にスペインへ渡ったので学歴は中学卒でしたが、高等学校卒業程度認定試験を経て2022年に早稲田大学を卒業しています。

スペイン語に英語と語学に堪能でもあり、サッカー理論もしっかりしており、オフの期間は海外リーグの試合中継で解説を務めるほど。本人は東南アジアでのプレーを希望しており、2022年からはオーストラリアのアデレード・ユナイテッドでプレーしています。

若い頃の遠藤航を彷彿させるのが、湘南ベルマーレの平岡大陽です。

相手陣内で前線から厳しく寄せる動きとセカンドボールへの反応も鋭く、シュートもうまい選手。運動量豊富でボール奪取能力が優れている。地に足がついた考え方をしていて、年齢のわりに落ち着いています。

李栄直《リヨンジ》、今井智基は将来代理人になるかはわかりませんが、ＵＳＪの企業としての将来性にも魅力を感じていると聞きます。

選手としては引退していますが、小林慶行も、現役時代から将来指導者になることを相談されていて、ベガルタ仙台、ジェフ千葉のコーチを経て、今年からはジェフの監督を務めています。

若く原石のような選手がいて、故郷に骨をうずめようとしているベテランがいる。フロント入りを希望する選手がいれば、一クラブでのキャリアを貫きたいという選手がいる。そして指導者の道を目指す選手がいる。

選手の歩く道は選手の数だけあります。そうした個々のキャリアに向き合うという意味で、海外移籍だけがエージェントの仕事ではないのです。

選手ファースト、でも取引先クラブの事情も考慮する

年俸をあえて抑えながら、移籍金を低く抑えて次の移籍に備えるという戦略がある。遠藤は本人と話し合いながら、そこの設定を慎重に考え抜いてきた。シーズン途中の夏に移籍が続くこともあるが、それは遠藤の人脈と更新される情報力があるからだ。

日本ではシーズン前になる冬の移籍市場では、新しいチームに向けた戦力配置を整えていくが、夏から秋のシーズン途中では、残された時期にチームに課せられたミッションと、負傷者や戦力にならない選手が出た場合の兼ね合いから一気に話が動くことが多い。

遠藤は各チームの強化担当と密に連絡をとりながら、チームに欠けているピースを見極め、戦力の提案を続ける。強化担当は選手と同様に「移籍」することも多く、Ｊ２で長くプレーしている選手であるほど、多くの強化

担当に知られている。いかに新チームにすぐにフィットし、堅実に結果が出せる選手であるかということも知悉《ちしつ》している。

そういった「品書き」は、クラブに対してアピールする際の最大の武器になる。

国内でこつこつとキャリアを重ねてきた選手の代表格が山岸祐也です。

Jリーグが開幕した1993年生まれで、福島県の尚志高校が4強に進出した2011年の全国高校サッカー選手権大会で5得点を挙げ、大会の優秀選手に選ばれました。流通経済大学に進学後は、総理大臣杯とインターカレッジ（全日本学生選手権）で優勝も経験しています。

プロとしてのキャリアのスタートは、当時J2下位のザスパクサツ群馬で、現在は同じUSJに所属する瀬川祐輔（ザスパクサツ群馬→大宮アルディージャ→柏レイソル→湘南ベルマーレ→川崎フロンターレ）と前線で組んで切磋琢磨し、いまではともにＪ１へとキャリアアップしました。

チームがＪ３に降格となった２０１７年に、ＦＣ岐阜に移りました。シーズン前半は交代出場が多かったのですが、後半からはスタメンに名を連ねて年間31試合に出場して４得点。翌２０１９年も22試合出場で４得点とコンスタントに活躍しました。

そのシーズンの夏にモンテディオ山形に移籍。そこで14試合出場４得点の数字を残すと、２０２０年は開幕から第23節まで全試合に出場してチーム最多の６得点をマーク。

そこからＪ２のアビスパ福岡に電撃移籍しました。自身初となるＪ１の舞台を踏んだのが２０２１年からで、福岡の主力としてチームになくてはならない存在になっています。

その間、山岸の年俸はザスパクサツ群馬時代の約20倍に上がりました。

マスコミ的にいえば、派手な活躍をしているわけではない。Ｊ２の下位からステップアップして、７年くらいでトップレベルの年俸をもらうクラスまできた。

山岸との出会いには、イギリス時代の縁があります。ロンドンに日本企業の駐在員家族のために小学生のサッカーチームがあり、そこの監督と知り合ったのです。まだ、どちらも20代だったと思います。お互いに日本に帰国したあと、彼が育てた選手がプロになったという連絡がきました。

「プロになったはいいけど、あまり知識がないので相談に乗ってやってもらえませんか」

当時は本当に給料も最低レベルで、本人は純粋にJリーグの下位から這い上がりたいというハングリー精神だけでした。

こうした選手が一歩ずつ上にいくためには、移籍のタイミングを逃さないような条件でいることです。このレベルの移籍は、本当にタイミングがすべてなのです。移籍金を低く設定しておいて、ほかのチームの成績と出場データに目をこらして、「ここだ」というタイミングで動きます。

これは彼に限った話ではなくて一般論ですが、クラブが残ってほしい選手に月5万円や10万円の給料アップを提案することがあります。J2やJ3の若くて低年俸の選手にとっては、少しでも給料アップを望むのは当たり前のことです。

「目先の給料も大事だけど、自分が動けるかどうかを決めるのは移籍金だよ」

そのような話はよくしています。山岸がここまでステップアップできたのも、そのポイントを外さなかったからです。逆に、いまいい年俸をもらっているのもクラブが途中で出ていかれたくないからということ。そこには大変な交渉があるということも、本人には話しています。

プロ選手になって、キャリア最初の頃は年俸もそれほど高くないので、エージェントをつける余裕はないと考えがちです。

しかし、移籍金の設定などの知識は研修では教えてくれません。私たちの会社は年俸７００万円以上が対象のＡ契約に到達するまではフィーをもらいません。若い選手ほど、その後のキャリアのためにもエージェントが必要だと思うからです。

その典型的な例が女子選手です。

ＷＥリーグ女王の浦和レッズレディースの塩越《しおこし》柚《ゆず》歩《ほ》についてはレッズの選手の紹介で、契約しています。

かつて、ワールドカップで世界一になったなでしこジャパンですが、まだまだ女子サッカーの地位そのものが心もとないものがあります。

スポンサーもつかないし、なかなか条件的にも厳しいところがあります。女子選手の年俸はＪ３の選手並みで、代表クラスでもＪ２の中位くらい。世界的には女子サッカーが盛り上がっているし、実際海外のクラブから問い合わせが多くなってきています。

ただ、スポンサーや放映権料などが安定していない状況、出産などの女性特有の事情から、女子選手は単年契約が多いのがネックとなっているのが現状です。

女子選手にはエージェントがつくことも少ないのですが、交渉するときに海外もふくめてほかのクラブへの関心があると話すことで、交渉の成果が得られるという面はあるかと思います。そういう意味でエージェントの存在は効果的ともいえます。

いずれにしろ、エージェントは自らの経験と人脈と情報網から、できるだけ選手の身を守ろうとするものです。

移籍金もふくめて少しでも有利な条件を引き出すことが仕事なので、クラブ役員にとっては、ほかのクラブの事情に精通している私たちのような存在は、手ごわいはずです。

でも、私にも各チームの担当者との人脈をとおして、「もちつもたれつ」の関係にあることの自負と自覚があるのも確かです。

チームにとってはあまり知識のない選手を相手にしたほうが交渉は楽でしょうが、まったく知識のない選手やその家族を相手に交渉するのが骨であることも事実なのです。選手本人への愛情の問題はともかく、一般に両親はサッカー業界の知識は乏しいものです。

移籍金についても、盾に使うばかりではありません。

税務上、減価償却の対象にすることで、当初の契約期間が過ぎたところから1年が過ぎるごとに減額していく提案をすることもあります。

過去には、財政破綻寸前のクラブから海外への有償レンタル移籍の選手を出したこともあります。

その際には、クラブの経営者からいたく感謝されましたが、もちろんそんな話は報道されないので、ファンやサポーターからは批判を浴びたものです。

私たちは選手の身を守りながら、仕事相手であるチームの事情も考えているのです。チームが緊急に外国人を求めているとします。相談があれば、短期間にワンストップで監督やチーム役員の望みに限りなく近い選手を、そのクラブのユニフォームを着せてピッチに立たせることができます。

それが、エージェントとしてのプライドであり、自負でもあります。

第**6**章

代理人は最後の砦

新天地を模索中に仕掛けられた脅迫

吹き抜けのあるシティホテルのロビーに、ベテラン監督の感謝の声が低く響いた。

「この人が逃げずに私を守ってくれたので、いま私たち家族はここにいられる」

監督が話しかけた相手は彼の妻と2人の娘である。

彼は自分の身に起こったおぞましい出来事を、ほぼ包み隠さずに家族に話して聞かせた。娘たちはまだ10代だ。3人は静かに耳を傾けていた。それが日本人とは異なる彼らの教育なのだろうと感心しながら、遠藤貴もまたその話を黙って聞いていた。

13年前になる。エージェントは選手や監督の人生に寄り添い、プロフェッショナルとして彼らの価値を最大化するのが仕事である。が、〝生き馬の

第6章

代理人は最後の砦

目を抜く〟という表現がぴったりのサッカー界の舞台裏では、ときにきれいごとでは済まないこともある。大げさではなく〝刺すか刺されるか〟の局面では、自分の身を差し出して契約相手のキャリアを守るのが仕事でもある。

通称「ミシャ」と呼ばれるミハイロ・ペトロヴィッチ監督は、その実績以上に選手個々に対するアプローチと独特のサッカー観で、近年の日本サッカーに大きな影響を与えてきた。

1957年10月18日生まれ。指導者としてのキャリアは1993年が起点なので、Jリーグと同じ30年に及び、2006年に来日してから率いるチームは北海道コンサドーレ札幌で3つ目、日本に暮らして17年になる。

ことの背景には、ミシャの出自とキャリアがあった。生まれはかつてユーゴスラビアと呼ばれていた連合国の一部であるセルビアのマチュヴァ郡ロズニツァ。10歳からサッカーを始めた。ユーゴスラビアの当時の首都べオグラードをホームタウンとする、レッドスター・ベオグラードのユースチームにスカウトされて加わったのが、14歳のとき。

2部リーグでプロデビューしたのは3年後の17歳なので、早咲きのタレントだった。ポジションは攻撃的MF。2年後にはレッドスターに戻って1部リーグにデビューし、U－20のユーゴスラビア代表にも選ばれている。

1980年には23歳でユーゴスラビア代表に選出され、ドラガン・ストイコヴィッチらとプレー。その後、ディナモ・ザグレブやオーストリアの名門シュトゥルム・グラーツで主力となる。後者では、現役を退くまで10年近くプレーしてキャプテンマークも巻いた。この間、1989年にはオーストリア国籍も取得している。

1993年にコーチの道に入り、96年に古巣のグラーツにアシスタントコーチとして復帰。このときのトップチームの監督が、のちに日本代表監督を務めるイビチャ・オシムである。

第6章

代理人は最後の砦

その後は、オーストリアの隣国であるスロベニアのクラブで研鑽《けんさん》を積み、2003年からグラーツの監督を務めた。サポーターの支持は圧倒的だったがクラブは3年契約を延長せず、サンフレッチェ広島のオファーを受けて来日する。2006年だった。

就任当時はJ1の下位に低迷していたサンフレッチェ広島を指揮。天皇杯準優勝（2007年）、FUJI XEROX SUPER CUP優勝（2008年）、ナビスコ杯準優勝（2010年）の成績を残したが、主要タイトルでは優勝の栄冠はない。

しかし、戦術でいえば、サイドからの攻撃参加をうながす3−4−2−1から、ときに2バック、5トップなどのオプションを、選手たちが可変的に運用する独特なやり方が注目を集めた。

その中でMFの柏木陽介、青山敏弘やDFの槙野智章、森脇良太が日本代表クラスに成長する。攻撃的な組織で個を成長させるスタイルはJリーグでも異彩を放った。

一時はJ2に降格するという状況にも陥ったが、クラブとサポーターの信頼は厚く、契約を二度更新した。しかし三度目の更新の話がないまま、2011年限りの契約満了を迎えようとしていた。

J1の人気クラブが食指を動かしていた。そこから起こったトラブルの裏側でミシャの相談に乗りながら動いたのが、遠藤である。


ミシャさんの担当であるスロベニア人エージェントのロビーとの出会いが始まりでした。

2011年のサンフレッチェ広島との契約切れのときは最後まで残留の可能性がありましたが、契約しないという状況に備え、彼に頼まれて新しく指揮を執れそうな日本国内のクラブを私が探すことになったのです。

結局、シーズン最終戦のあとに契約が延長されないということになりました。

可能性のあるクラブはこの時点で2つ。

すでに年末で、監督の人事は大詰めを迎えていました。2つのクラブにとってのミシャさんの順列ははっきりしていませんでしたが、2つのうちの一つの人気チームとの交渉に活路を見出せそうでした。

そんな状況で、「事件」が起こりました。獲得に乗り出していたチームの強化担当のもとに、ある新聞が届けられたのです。

新聞の発行元はブルガリア。実際に存在する新聞で、そこにはミシャさんに関する記事が大きく掲載されていました。内容は「ミシャはトト・マフィア」というもの。つまり、ミハイロ・ペトロヴィッチは以前からサッカー賭博に加担している、という内容のスクープ記事だったのです。

すぐに本人に聞き取りをしましたが、「絶対にやっていない」と強く訴えられました。そこで、知り合いの弁護士に相談してオーストリアサッカー協会のしかるべき部署にレターを送ったのですが、獲得をもくろむチームの強化担当は、「身の潔白が証明されても獲得は難しいかもしれない」と弱腰になっていました。

実際に、彼らは日本人の新しい候補に対してアプローチを始めていたようです。

そんなときでした。私の元に知らない記者からメールが届いたのです。

フリーメールのアドレスからで、「いま大きなマフィアの案件について調べていて、もうすぐ記事を書く。ミシャの交渉から身を引かないと、お前のことも関与した人物として書くことになるだろう」という脅迫めいた内容でした。

ドイツ人の記者だと名乗っていたので、ドイツ人の知り合いにそのメールを見せると、「この名前の綴りはドイツ人ではありえない」と言います。架空の記者だったのです。刑事告訴をすれば使われていたフリーアカウントのメール会社に情報開示請求を行うこともでき、その相手を表に引きずり出すこともできました。しかし、それには時間がかかってしまいます。

そもそも、ミシャさんの疑惑を掲載した新聞社にも問い合わせたところ、そんな記事は存在しないという回答でした。偽の新聞だったわけです。

こんなことまでやるのか、と正直驚きました。どうやら、ミシャさんと同じバルカン半島出身で個人的に恨みをもちつつ、今回の去就にも利害が関わる人物がうごめいていたようでした。

私は、ミシャさんが新しく指揮を執れるチームを探しました。ミシャさんは2人の娘をアメリカンスクールに通わせていました。ヨーロッパに戻るとしたらオーストリアになるのですが、オーストリアにはアメリカンスクールはありません。

シーズンが始まってしばらくすれば、成績不振でJ1、J2のチームの監督席に空きが出る可能性も見越して、都市部のあるクラブに短期的な強化担当のような職種を提案もしました。

とにかく、身の潔白を証明して新天地を探そうと必死で、脅迫なんかを相手にしている場合ではありませんでした。外国人選手や監督の場合は現地にも彼らのエージェントがいて、一緒に動くことも多いのですが、このときはトラブルも国際的ならばバルカン半島の出自の異なる関係者による背景も複雑で、とても勉強になりました。

人の渦をつくりだす

結局は、ミシャの身の潔白は契約先クラブも認めるところとなり、最後の最後で新天地が決まった。

弁護士との連携もあり、姿の見えない敵に対して引かずに冷静に、かつ万が一のときの準備も整えて戦った大一番だった。

サンフレッチェ広島をあとにしたミシャは浦和レッズ、北海道コンサドーレ札幌で指揮を執った。

札幌に渡る前には中国行きの話もあり、好条件だったが、現在Jリーグの舵を取る野々村芳和が当時の札幌社長で、野々村や当時の強化部長である三上大勝の度重なる説得により、北の大地に渡った。３クラブで指揮を執った試合は、６８４試合（２０２３年９月２日現在）。歴代の外国人監督では断トツの３１２勝（２０２３年９月２日現在）を挙げている。

第6章

代理人は最後の砦

遠藤は、スロベニア人エージェントのロビーと現在でもコンビを組み、ミシャと向き合う。

エージェントの仕事を通して見えてくるのは、一人を動かすことによって、そこにともなう人の動きが加速することだ。たとえば、ある監督がチームを動くことで、複数の選手がその道筋を追うことがある。サッカーは基本的な大きな潮流の中に個々の考え方や嗜好《しこう》がからむ。指導者が動くことは、チームのサッカーのスタイルが変わることを意味する。手塩にかけて育てられた選手が監督の動きに同調するのも道理だろう。

サンフレッチェ広島から浦和レッズに移ったペトロヴィッチ監督のあとを追うように、槙野智章らが移籍するケースなどがそれだ。

人の渦をつくりだすエージェントの仕事は、監督の動きに見えやすい。

現在、私たちが契約する監督はペトロヴィッチ監督、曺貴裁《チョウキジェ》監督、そしてもう一人、オーストラリア人のケヴィン・マスカット監督です。

マスカットさんとの契約の前段階として、現在はイングランドのトッテナム・ホットスパーFCを率いるアンジェ・ポステコグルー監督とのつながりがあります。オーストラリア代表監督から横浜F・マリノスの指揮官に転じ、超がつくほどの攻撃サッカーでマリノスにとって第3の黄金期をつくりあげた監督です。2021年にスコットランドのセルティックに移り、2023-24シーズンの前にトッテナムに迎えられています。

このポステコグルーさんのあとを追うようにキャリアを歩んできたのが、ケヴィン・マスカット監督です。そもそもは、メルボルン・ビクトリーの監督時代にAFCチャンピオンズリーグ（ACL）で来日した際、前乗りのスカウティング部隊の面倒を見てからの縁になります。

マスカットさんにメルボルンの次のチームの相談を受けて、まずはベルギーのシント=トロイデンVVに売り込みました。そこでは日本人監督を育てたい意向をもっていたのですが、言葉の壁は予想以上に厚く、思惑どおりに進んでいませんでした。そ

第6章
代理人は最後の砦

こに同じアジアサッカー連盟（ＡＦＣ）に属する国の新進気鋭の指導者であるケヴィン・マスカット監督を推薦したのです。

ところが問題が生じました。マスカットさんがもっていた指導者ライセンスはＡＦＣ発行のもので、ベルギーでの指揮は認められなかったのです。

よくあるのが資格をもった人物を監督にして、その下に実質的な監督として無資格者を置くというやり方ですが、ベルギーはそこが厳しい。練習やキャンプを実際にチェックしにくるほどです。なんとかロビーに依頼して暫定監督を置いてもらい、時間稼ぎができました。

そんなときにポステコグルーさんが横浜Ｆ・マリノスの監督を離れることになりました。ねらいどおりでした。

なかば強引にシント＝トロイデンＶＶで指揮を執ってもらったのも、「日本人を指導した」という実績をアピールしたかったからです。その実績があるうえ、ポステコグルーさんが去ったあとのメルボルンで3回も優勝している。「後釜」としてこんなにふさわしい人物はいない。結果的に打っていた布石を最大限に生かして、マスカットさんの横浜F・マリノス監督就任は現実になりました。売り込みのときのプレゼンどおりに、マスカットさんは就任2年目の2022年には横浜F・マリノスをJ1優勝に導いています。

メルボルン、横浜F・マリノスとくると、ポステコグルーさんが指揮を執ったセルティックへの移籍も現実味を帯びてきます。セルティックと同じスコットランドのクラブが秋波を送ってきているという話もありました。

このように一度できた人の流れは時間が経っても有効な場合があります。監督が動くことによって選手が動き、そのあとをまたほかの選手がたどる。そういった例はサッカー界にいくらでもあります。

その端緒を生み出す人脈と情報を集積した交渉は、エージェントの存在なしにはありえないと自負しています。

監督の人事は選手以上に長い目で見て動いていないと前に進まないし、決まりません。そういう意味では、選手の移籍以上に難しいところがあります。タイミングが選手以上にものをいうし、求められている監督像もそのときそのときで違います。チームが「こういうサッカーを志向している」ということが大きく関係します。
たとえば、個性的なサッカーを展開して徳島ヴォルティスや浦和レッズを率いたリカルド・ロドリゲス監督のあとに、まったくタイプの異なる監督を売り込んでもダメだということはわかると思います。

大きな動きが頻繁にあるわけではありませんが、同時に成績の上下がすぐにクラブの判断につながるのが監督になるので、エージェントは常に自分が契約する監督のスタイルと、各チームのリーグでの消長と、チームづくりの方向性を結びつけ、イメージしておく必要があります。

監督は、チームの数しか存在しえません。監督として相当のキャリアを積んだ人には成績のいかんにかかわらず複数のチームを渡り歩く道も開けますが、あるチームのコーチとして力をつけた指導者が、いきなり他クラブの監督にというオファーは限られています。

成績不振の場合の手立てとしては、そのチームのことを理解しているアシスタントコーチの昇格が、いちばんリスクが少ないのは自明の理です。

パワハラ問題を一緒に考える

2019年10月、遠藤の元に思いもよらぬ連絡が入った。

「品川駅を通るので相談に乗ってもらえませんか」

曺貴裁《チョウキジェ》から電話があり、会うことになった。直接のエージェント契約相手ではない。遠藤が学生時代に指導を受けたことがある浮嶋敏の紹介で知り合いになって、話をするようになっていた。

若い年代の指導に関心がある浮嶋と異なり、曺はトップチームの指導者タイプだった。遠藤が知り合ったとき、2人はともに反町康治（現・日本サッカー協会技術委員長）が指揮を執る湘南ベルマーレのコーチ役。曺から指導者としてのキャリアについて相談を受けた浮嶋が、遠藤を引き合わせた格好だった。

遠藤には、曺が少し焦っているように見えた。しかしJ2、J3まで市場を広げても、実績のない指導者に対し、いきなり「監督に」というオファーはなかなかない。遠藤ははっきりと言った。

「反町さんも（湘南を率いて）長い。優秀ですから学ぶことも多いはずです。それに、いま指導陣でS級のライセンスをもっているのはあなただけ。いまは慎重に考えたほうがいい」

情熱的で、人を惹きつける魅力もある。遠藤の目算どおりに反町のあとを追って湘南の監督になった。

そのあとも「厳しい」という声が聞こえてきたが、それ以上に愛情深いという声も多かった。チーム内には「信者」もいた。ひたすら走り運動量で圧倒するサッカーは、Jリーグでも異色で評価も高かった。

2019年8月、一部の新聞報道によってコーチングスタッフや選手へのパワーハラスメントがあったとされ、報告を受けたJリーグが調査を開始。その結果、パワハラ行為が認定され、譴責《けんせき》と5試合のベンチ入り禁止

――処分を受けた。そして、同年10月に退任し、11月には日本サッカー協会から指導者ライセンスの1年間の停止処分が下ったのだった。

曺さんは憔悴しきっていました。2時間くらい話をしたのですが、「何がパワハラなのか」を本当に理解したいと本人は真剣に思っていました。

私もそうしたほうがいいと思えたし、何より私自身がパワハラの実態を知りませんでした。厳しい体育会育ちでしたので、自分の感覚で判断するとおそらく時流には合いません。曺さん同様に、私も学ぶ必要があると感じていました。

すぐに付き合いのあった法律事務所に頼み、パワハラに関する10回におよぶレクチャーをセットしてもらいました。

そこに日本サッカー協会の担当者にも来てもらい、本人の姿勢と努力を知ってもらおうとしました。そのカリキュラムは、いまでは指導者ライセンスのS級のコース内に組み込まれています。

その後、正式に彼のエージェントになり、海外での指導の話も探りました。シント＝トロイデンＶＶの話が浮上していたのです。クラブＣＥＯの立石敬之《たかゆき》さんと曺さんは付き合いがありました。

「日本でできないならベルギーでやればいい」

そういった話にもなっていましたが、結果的に協会の勧めで流通経済大サッカー部のコーチに就任し、1年間で1部に昇格させました。そして、京都サンガの監督になりました。

Ｊ1、Ｊ2のクラブからいくつか熱心なオファーもあったのですが、やはり生まれ故郷のチームを立てなおすという意欲が何よりも強かったのだと思います。12年間もＪ2で苦しんでいた京都をわずか1年間でＪ1の舞台へ引き上げることに成功し、故郷に錦を飾ることができました。

最後の砦として守り通す

姿の見えない不気味な力に対抗し、メディアにつぶされそうになる契約相手を守る。エージェントの仕事は、自らが盾になって文字どおり体を張る仕事でもある。

サッカーの経験も人生経験も積んだ大人の場合は、まだいい。彼らを信頼して個人の裁量にゆだねれば済む。

しかし、10代や20歳そこそこで、それまでに見たことのない額の金を手にしたり、友人ともいえないような知り合いが増えたりする環境に置かれた選手は、注意が必要だ。

いわゆる〝取り巻き〟が若い選手に蝟集《いしゅう》して、文字どおり若い才能を食いつぶしていく例が少なくないからだ。そうした環境から選手を守るマネジメントも、エージェントの仕事である。

若い頃から仕事をしている梅崎司や柏木陽介に共通しているのは、ともに父親が不在という成育環境でした。

この2人については、育成年代のヨーロッパ遠征で知り合っているので、10代の頃から、自分が彼らの父親だったらどんな考え方をするだろうか、あるいはどんな物言いをするだろうかと常に考えてきました。

家族代わりなどと、おこがましいことをいうつもりはありません。でもときに、ほかの人が言わないことを注意しなければならないし、注意に耳を傾けないようであればさりげなく周囲を動かして軌道を修正していかなければなりません。そういう場合の判断の尺度が、私の場合は自分の父親なのです。

柏木とは年代別日本代表が参加したフランス・トゥーロンの国際大会で出会い、その日のうちに「面倒を見てください」と言ってくれました。若い頃から注目されていたことと、彼の明るい性格も相まって、多くの人が集まってきました。ただ良い人ばかりではありません。

彼の知名度を利用して本人の知らないところで物事が進んでいたケースもあり、そうした人たちと話をしてきちんと整理してあげる必要もありました。

すでに引退している元日本代表選手にも似たようなことがありました。選手本人がSNSをやっているのはいいのですが、サッカーの専門外の悪友といった感じの人間が自分の売名行為も兼ねて運営していて、毎試合、その人が選手自身と対談して「今日のお前はダメだったな」などと公に会話を公開していました。批判を公然とされたクラブ、監督やコーチ陣もよく思わないし、聞いているファンの評判を悪くするだけで、何もメリットはありません。その知り合いを呼び出して、やめてもらいました。

ケンカをするわけではありません。でも、選手のためだったら死んでもいい気でやっているのも事実なのです。相手の目を見て、「暴力沙汰になっても一歩も引かない」という気迫を見せられるかどうか。その腹のくくり方で、選手も自分のことを真剣に考えてくれているかどうかを判断するのだと思います。

選手にとって不利益になる知り合いだけでなく、守らなければならない対象はほかにもあります。

たとえば、選手の出身校の先生であったり、ときには子どもに愛情を注ぐあまり、自分たちの知識不足によって視野が狭まってしまう家族であったりします。とくに両親や家族は、わが子が窮地に陥ったとき、「エージェントにだまされている」と、疑いの目を向けることがあります。

しかし、あえて不遜な言い方をすれば、私たちはそのために資格をアップデートしているし、常に最新の情報を仕入れているのです。

最近では、ある日本代表クラスの選手が出番がないことに業を煮やして、何度か酒を飲んだことのある知り合いの知り合いに相談しました。すると、その男が正式なエージェントである私に隠れて選手本人に接触し、違約金なしで移籍させるとささやいたのです。

本来は、選手本人に直接接触している時点で違反です。その行為を届け出た時点で大問題になります。選手本人もさすがに事の重大さに気づいて、「なんとかとめてほしい」と電話をしてきました。

どうしても結果を出したい。出番を与えてくれれば結果は出せる。そういった思い込みは選手自身のプライドの表現であり、ときに活力にもなります。でも、それが障壁になることも多いのが実情です。エージェントを信頼せず、父親が自分でマネジメントに乗り出したり、育ての親である恩師が移籍に関わりたいと出てくることもあります。

そんなときには、選手自身にきちんと自分のキャリアを見つめて冷静に判断してほしいと話します。

セカンドキャリアも見通したサポート

柏木陽介は各年代別の日本代表からA代表とキャリアを順調に進んだ。サンフレッチェ広島から浦和レッズに移り、輝かしい活躍を見せて脚光を浴びた。海外移籍のチャンスもあったが、タイミングもあるし、どこに居心地の良さを感じるかは本人の人生観による。

どんな選択をしても彼の人生である。だとすれば、海外に移籍させることばかりがエージェントの仕事ではない。国内なら国内で、堅実なキャリアを積み重ねて人生設計をしていけばいい。

柏木は、東日本大震災、熊本地震の被災者へ積極的に支援した。特にこどもたちへの支援活動は現地へ直接入るほどの熱の入れようだ。本人が「子ども好き」というのもあるが、彼自身が阪神淡路大震災の被災者であり、大好きなサッカーを奪われる可能性があったからだ。

現役時代からフットサル場やサッカースクールを始める選手はいる。また社会問題について関心をもつ選手が、近年はＮＰＯ法人などに関わることも多い。しかし現役時代は、積極的に関わろうとしても、片手間になりがちだ。ＵＳＪは会社として、そうした活動をサポートしている。

選手のキャリアにおいてもっとも重視しているのが、手がける選手のクオリティー・オブ・ライフです。サッカー選手の現役時代はそれほど長くありません。だからこそ、引退後のキャリアも見通して関わることで初めて信頼を得られるものと思っています。それは、すなわち現役時代からの契約、副収入の取り決めなどを厳格に交わしていくことでもあります。そういったディテールが、最終的に「選手を守る」ことにつながるからです。

そういう意味でエージェントにとって、弁護士は大事なパートナーです。国内移籍では法的な問題はさほどありませんが、国際移籍ではいろいろな取り決めが入り組んでいます。

わかりやすい例でいえば、金額はネットなのか、グロスなのか。ネットは手取り金額、グロスは税込みあるいは手数料込みを指します。

企業が有名選手とCMや宣伝に関して結ぶエンドースメント契約も重要です。たとえば、ある選手とスポーツメーカーのA社との契約が切れるとき、他社からのオファーがある場合は、3カ月前にはその事実をA社に伝えなければなりません。しかも他社の提案がA社よりも明らかに上でなければ、契約を継続する義務があるというような内容が盛り込まれていることもあるので、注意が必要です。あとで気づいて痛い目にあわないためにも、リーガルチェックは不可欠なのです。

お金を稼いでいる選手にはいろいろな人が群がり、本人の知らないところでビジネスが始められることもあります。「飲食店を始めたものの、つぶしました」といった話はよく耳にしますが、そういう失敗は選手にとって金銭面以上に精神的につらいものです。

仮に事業を始めるにしても、運用はプロに任せたほうがいい。数年前に問題になったシェアハウスの投資のような怪しい案件もあります。そうした誘いから選手を守るためには、ふだんから正しい知識を植えつけていくと同時に、対話やコミュニケーションを密にとり、選手の変化に敏感でいなければなりません。

サッカー選手には負傷がつきものですが、そういった不測の事態に備える保障の面でも、日本はヨーロッパに比べて遅れています。

ともすると杜撰《ずさん》な金銭管理で、現役時代に1億円、2億円を稼いでも、引退する頃には何も残っていないという選手もいるのです。

また、フットサル場やサッカースクールを始めても、現役時代はどうしても片手間になってしまいます。

宇賀神友弥は、地元埼玉県戸田市を中心とした地域貢献のＮＰＯ法人の代表を務めています。彼は名前を貸すだけにならないように、自分自身も積極的に活動しています。「ＵＧＡＪＩＮ　ＣＵＰ」という大会を開催していて、彼のコンセプトに賛同した現役選手も、ゆかりのある土地で大会を開き、今年には福島県で全国大会が開催されました。

選手にとっての引退後の第２の人生、セカンドキャリアを充実させるための仕組みは大事です。

会社にはリクルート的な部署もあるし、現役時代から第２のキャリアを見通したサポートをしっかり組み、選手が安心できる体制をきちんと整えていくこともエージェントの仕事です。

一般的な就職の知識をインプットしていない選手には、現役時代から「次の職場」に関するアドバイスをする必要があります。そのためにキャリアアドバイザーの資格

第6章

代理人は最後の砦

をもったスタッフがサポートし、面接をアレンジします。その結果、不動産会社に就職した例もあります。

また、スポーツに興味をもっているスポンサー企業などを集めて会食会を開いています。これは、スポンサーに向けたサービスだけでなく、選手のセカンドキャリアを考えるためでもあるのです。

サッカー選手でなくなったときの自分の将来をどうしたいのかというイメージは選手それぞれで違うので、できる限り自分自身に置き換えて想像し、そのための道筋に誘導することもエージェントの重要な仕事です。

裏を返せば、プロサッカーが本当に厳しい世界であるという認識が、私たちにあることの表れでもあります。

プロは結局、勝ち負けの世界です。栄光がきらびやかなぶん、転落は過酷です。憎悪や嫉妬も一般の社会より強く、選手や監督はどんなところで恨みを買っているかわからないのがサッカー界です。

かつて、イギリスでは代表監督まで務めた人がスキャンダルのでっち上げで職務を追われた例がありました。日本でも、一つの報道に端を発した広がりがＳＮＳの普及によってスピードを増していき、選手や監督があっという間に火だるまになるリスクがあります。

報道をコントロールすることはエージェントにはできません。拡散をとめることも残念ながらできない。でも、選手や監督に家族のように寄り添うことはできるし、肩を組んで新しい道筋を探すことはできます。

そのような世界で自分自身がどれくらい強くいられるか。選手たちを守ることができるか。そんな問いをずっと自分に突きつけてきましたし、これからもそうあるだろうと思います。

エージェントという仕事をしていて何がいちばんの幸せかといえば、移籍した選手の成功になります。そういう意味では、移籍が決まった瞬間がいちばんです。でもある意味、移籍が決まった次の瞬間から戦いが始まっているので、正直、その一瞬しか喜びを感じてはいられません。

それがエージェントの宿命だとも思っています。

おわりに

2022年、ユニバーサルスポーツジャパンはオーセンス・プロフェッショナルグループの一員になりました。大手法律事務所によるスポーツマネジメント事業への参入は、日本で初めてです。本文中でもふれたとおり、複雑化するサッカー選手の契約には高い法曹の知見が必要ですので、頼もしく心強い思いです。ただ、今回のパートナーシップには法律関係以外の相乗効果を生み出せるという思いもありました。

私たちのサッカー事業の売り上げは、エージェントの頭数に対する数字でいえば国内トップクラスになっています。そうした実績を地盤にして他競技にも事業を広げ、人々にスポーツを通じた喜びを届けたいという機運が社内で高まってきました。

いま私たちが描くのは、プロ野球との連携や新しいジャンルでの価値創出も視野に入れ、スポーツを軸にした総合エンターテインメントを生み出す企業のビジョンです。総合会社の事業拡大は、選手のセカンドキャリアの充実にもつながっていきます。

おわりに

エンターテインメント企業でそれぞれの個性にあった仕事をつくり、選手たちの受け皿にしたいという思いも強くあります。

スポーツ選手の選手寿命は短く不安定です。

私たちエージェントの仕事の要諦は、彼らの現役時代をいかに充実したものにできるかと同時に、選手の人生全体における充実感をいかに上げていけるかにあります。

プロのエージェントとして体を張ってきたのが選手の人生の手助けになりたいという一念だったとすれば、自分の使命は現役を終えたあとのキャリアにも、変わらぬ姿勢で向き合っていくことだと思っています。

本書の制作にあたって自分の半生を振り返り、家族の存在をあらためて考えました。私が選手や監督に対して家族のように接しようとしてきたのは、誰よりもその人のことを愛情深く考えられるのが家族だと、私自身が感じてきたからにほかなりません。

そうした気づきをくれた父と母に、この場で感謝の意を表したいと思います。

２０２３年９月

遠藤 貴

遠藤 貴（えんどう・たかし）
1972年５月15日、東京都生まれ。1997年に単身渡英し、日本と世界のサッカーをつなぐコーディネート、海外サッカーのコラムや書籍の執筆に従事。プレミアリーグの名門アーセナルFCでの勤務後、日本人として初となるイングランドサッカー協会（The FA）認定選手代理人のライセンスを取得し、サッカーエージェント事業を始める。2005年3月、株式会社ユニバーサルスポーツジャパンを設立。2022年３月、オーセンス法律事務所と資本提携し、総合スポーツエージェント事業に拡大している。

構　成　　伊東武彦
装　丁　　坂井栄一（坂井図案室）
校　正　　月岡廣吉郎　安部千鶴子（美笑企画）
組　版　　キャップス
編集協力　川原宏樹　井上直孝（スタジオ・モンテレッジォ）
編　集　　苅部達矢

代理人は眠らない
世界への路を拓くサッカー代理人の流儀

第 1 刷　2023年 9 月30日
第 2 刷　2023年12月25日

著　者　　遠藤貴
発行者　　小宮英行
発行所　　株式会社徳間書店
〒141-8202　東京都品川区上大崎 3-1-1
目黒セントラルスクエア
電　話　編集(03)5403-4344／販売(049)293-5521
振　替　00140-0-44392

印刷・製本　株式会社広済堂ネクスト

ISBN978-4-19-865688-1